爱·希望·成长

宝贝，你的世界我知道

揭开0～6岁孩子成长的秘密

张　静◎编著

重庆出版集团　重庆出版社

图书在版编目(CIP)数据

宝贝，你的世界我知道 / 张静编著. — 重庆 ：重庆出版社，2010.11

ISBN 978-7-229-03076-6

Ⅰ.①宝… Ⅱ.①张… Ⅲ.①婴幼儿-智力开发 Ⅳ.①G610

中国版本图书馆CIP数据核字（2010）第199562号

宝贝，你的世界我知道

BAOBEI NI DE SHIJIE WO ZHIDAO

揭开0~6岁孩子成长的秘密

出 版 人：罗小卫　　特约编辑：肖贵平　李明军　张慧哲
出版策划：华章同人　　封面设计：夏　鹏　刘　军
编　　著：张　静　　版式设计：李自茹
插图绘制：延新月　　美术编辑：张鹤飞
责任编辑：刘学琴　　制　　作：(www.rzbook.com)

重庆出版集团 重庆出版社 出版
(重庆长江二路205号)
北京瑞禾彩色印刷有限公司 印刷
重庆出版集团图书发行公司 发行
邮购电话：010-85869375/76/77转810
E-MAIL：tougao@alpha-books.com
全国新华书店经销

开本：787mm×1092mm　1/16　印张：15.5　字数：175千字
版印次：2011年1月第1版　2011年1月第1次印刷
定价：32.00元

如有印装质量问题，请致电023-68706683

Foreword 推荐序

这本温馨的《宝贝，你的世界我知道》，大概会使很多人在看到书名的一瞬间，就被吸引吧——至少我是这样。这本充满爱意的书，让我享受了一段温馨静谧的午后时光。

或许，我们平时都忙于工作，少有时间和耐心去关注自己宝贝的世界。当我们为宝贝成长过程中出现的问题烦恼和困惑的时候，我们是否问过自己：对宝贝，我们到底了解多少？他们的世界究竟是怎样的？这本书或许能帮你找到答案。

本书从人们平时容易忽视却又极为重要的儿童感官——触觉、嗅觉、味觉、听觉、视觉的发展入手，围绕儿童大脑的发育过程展开叙述。作者在介绍具体育儿方法的同时，揭示了很多育儿过程中容易出现的问题的内在原因，为我们一点一点展现出宝贝从胎儿开始，一直到出生后的种种“奇特”变化及缘由。比如，为什么宝贝一出生不会说话，他的说话过程是如何形成的，他的大脑发育与说话有着怎样的关系……我们平时很少想到这些问题，但这些问题却对孩子的成长、健康乃至将来的人生有着极其重要的影响。大多数情况下，我们只在意宝贝说了几个字、几句话，绝少会思考宝贝为什么突然就会说话？为什么别家的孩子说得多，而自家的孩子说得少？类似这样的疑问，我们读完这本书，就能豁然开朗。

另外，这本书还会带给你另一种感受。作者不是以一种毫无表情的面孔藏在文字背后，以说教的方式向父母传授育儿经；而仿佛是你的一个朋友，正在和你交流、分享育儿的心得和奥秘。因此，那些娓娓道来的文字，总能勾起我们有关宝贝成长的点点滴滴，以及那些定格在自己生命中的无限快乐……

《中国少年报》主编　吴峥岚

Foreword 自序

从事教育多年，所接触的孩子从大到小，虽称不上多，却也算全面，有的发育良好，有的发育迟缓。然而，在各种教学过程中逐渐发现，无论是老师还是家长，大多只会关注孩子的外在表现，比如：孩子从何时开始会走路啊？怎么3岁了还不会说话呢？等等。诚然，如果作为发育的一把标尺，外在表现是极为重要的。但是，如果我们能够多一些有关发育本质的了解，比如有关大脑的发展、环境的塑造等，那么孩子的未来发育及发展即使不用“尺子”衡量，也是可以预知的。当我们明白了到底是什么支撑了那些表象时，回头再看那个每日与你相伴的小家伙，就会有一种“刮目相看”的感觉。你会发现宝贝有许多曾让你不理解的言行，原来都是有缘由的。

然而，往往是想进一步了解儿童发育的本质，却无处了解。因为多数心理发展学著作皆以述说表象为主，比如：12～14个月，一只手抓2块积木，并握在手中；13～16个月时，开始进入口语萌芽阶段……可是，为什么呢？为什么就在此时便有了这些表现？提前一点能不能做到？延后一些有没有关系？当然也有书籍会告知一二，比如在论述幼儿语言发展时，会给你讲一点大脑发展及社会因素等方面的知识，但是类似这样的内容并不多，而且较为零散，不成系统。所以，每每查阅资料，总有种隔靴止痒的感觉，这些问题始终没有得到充分的论述。

不久前我接手训练一个语言发育迟缓的三岁小姑娘，从各种测试结果得知，她的语言能力只有一岁七个月的程度。知道了表象之后，接下来我就需要了解到底是什么原因造成她语言能力落后的。通过与其家人的沟通后了解到，小姑娘属于早产儿，身体健康，虽然认知水平较同龄孩子稍低，但并不智障，一岁左右时就开始长时间地看电视，注意力不集中，不爱与人接近……基本情况虽然都已清楚，但是，它们相互间有何关联呢？到底是谁先影响了谁，以致最终造成了语言能力的落后？为了弄清这些，我先后查阅了早产对大脑发育的影响，大脑发育对注意力的影响，电视对大脑发育的影响，以及注意力与语言能力发展的关系等相关资料，最终才得出一些初步的推论和施教方案。而在整个查阅过程中，我最为苦恼的就是各种资料很零散，收集和整合很困难。

正是由于这个缘故，我就一直以来存着一份心，希望有一天能为自己，为家长，为这个领域的每一位老师做点什么，于是便有了这本书。愿本书能成为家长、老师们的一个辅助工具，为他们提供一条探知孩子内在世界的捷径，也希望本书能使广大家长朋友重新审视与我们朝夕相处的小宝贝，陪伴孩子快乐成长。

张静

2010年9月

Contents 目录

part 1 触摸未来

触觉是人类最早发展的感官系统，对于宝贝的成长来说是极为重要的一个环节，倘若给予的刺激不足，就会直接影响到幼儿的粗精细动作及神经系统等方面的发展。此外其情绪、智力和人格等方面的发展也会受到限制。

part 2 你闻到了什么

嗅觉对于婴儿早期来说是至关重要的，它能帮助婴儿与父母和其他照顾者建立稳固的亲密关系，这也是婴儿生存不可或缺的。

part 3 爱的味道

味觉是宝贝出生时最发达的感觉，宝贝正是通过那小巧的舌头，品尝人间的美味，选择身体所需的营养，因而味觉在宝贝成长发育的历程中占有相当重要的地位。不仅如此，味觉刺激还能让宝贝变得更聪明。

part 4 聆听世界

听觉与其他感官一样，同样是婴幼儿探索世界、认识世界、从外界获取信息所不可缺少的重要媒介。我们之所以能说会唱，能更好地认识、感受、领悟这个世界，跟听觉密不可分。

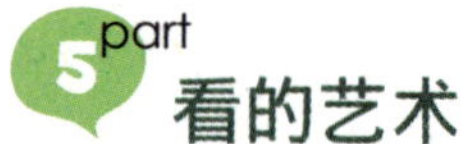

5 part 看的艺术

视觉不仅是婴幼儿认知世界的加速器，还是宝宝运动能力的协助者。它是婴儿萌发最迟的一项感觉，但是一旦萌发，发展却最为迅猛。在其发展变化中，到底需要怎样的指导呢？

6 part 说出来的秘密

孩子从出生时的哇哇大哭，到能够熟练用语言表达自己的思想，经历了一段复杂而漫长的发展阶段，然而其中有多少事是父母们不知道的呢？

7 part 身体的密码

宝贝善于运用身体表达他的想法和感觉吗？他能否运用双手灵巧地生产或改造事物？他的平衡、敏捷、力量、弹性和速度，以及由触觉引起的能力都很好吗？这一切都是自发的吗？

8 part 打开情绪的瓶塞

情绪与人的身体健康有密不可分的关系，情绪可以通过神经、内分泌和免疫等系统引起人生理变化。那么要使宝贝身心健康且发育良好，孕妈妈和妈妈们该如何做呢？

Part 1 触摸未来

触觉是人类最早发展的感官系统，对于宝贝的成长来说是极为重要的一个环节，倘若给予的刺激不足，就会直接影响到幼儿的粗精细动作及神经系统等方面的发展。此外其情绪、智力和人格等方面的发展也会受到限制。

当腹中有了小动静

当胎儿宝贝第一次在腹中有了动静的时候，妈妈的欣喜恐怕是难以述说的，因为就是这一次胎动，让她真切地感受到了宝贝的存在。

当一个受精卵进入子宫10个星期的时候，他就像个小芽苗一样，从头到脚才2厘米长。此时，他完全置身在一片羊水之中，随着一阵一阵的微波轻轻摇摆。渺小的他仍然可以凭着细微的触觉感受到液体轻柔的阻力，甚至还能感受到一点失重。

就在这样一片幽暗、温润的空间里，胎儿日夜不歇地努力生长着。之后随着小鼻子、小眼、小胳膊和小腿的逐渐健全，总算可以通过一些小动作来显示一下他那早已存在的触觉了。于是，他不时地蹬蹬腿、碰碰脸，在子宫里撞来撞去，为自己尽量多地提供一些体觉上的新感受，大概每动一下都是快乐的。

科学真相 Point

研究发现，胚胎在5周半时就有了触觉；到第9周，下巴、眼皮、手臂便都能感受触摸了；第10周，触觉扩展至两腿；到了第12周，几乎全身的表面都能对触摸产生反应，也就是说胎儿的身体表面已经分布了各种丰富的神经末梢。4个月时，胎宝贝就已开始在子宫里进行各种各样的肢体活动。而到了怀孕的最后3个月，感觉纤维生长到达脑干后，触觉也在这儿与平衡感、听觉等其他感觉统合，便促成了较为敏感的反射动作，因此，当人们轻触胎儿时，他就会对此做出反应。只有头顶和后脑例外，这两部分在整个怀孕期里都没有感觉。但是它们会在生产过程中因产道挤压而受到刺激。由此可知，经由产道分娩是多么重要。

脑干的功能主要是维持个体生命，包括心跳、呼吸、消化、体温、睡眠等。一般经由脊髓传至脑的神经冲动，均是先传至脑干，然后再送入大脑。

其实，这些肌肉练习除了能够让他将来更好地适应子宫外的新生活外，更重要的是伴随触觉而来的胎动并非只是单纯的动作，它是脑发育的“催长素”。脑部显像实验证明，新生儿脑皮质有明显活动的只有初级触觉区和运动区。也就是说，未出生的胎宝贝或新生儿的脑中若有任何风吹草动，都是与意识到的碰触有关的。

|指导小手册|

为了让胎宝贝的脑神经发育得更完美，孕妈妈们可以每日做做如下必修课：

从怀孕第2个月开始，孕妈妈们可以坐在摇椅上轻轻晃动，让宝贝充分享受被羊水包裹的惬意。

到第4个月时，胎盘已经形成，准妈妈可以放松地躺在床上，用手从下腹部起，以画圆的方式抚揉到胸部下方。同样的方式反复数次，可以在腹部涂些橄榄油或葡萄籽油以增加按摩效果。

7个月以后，准妈妈们可以一边抚摸宝贝身体的各部位，一边和宝贝说话，告诉他被触摸的位置。既为胎宝贝做了健身操，又在这轻轻抚摸中增进了母子之间心灵的交流。

小嘴是用来干啥的

出生后，宝贝触觉最灵敏的部位就是嘴，所以，一开始，宝贝的小嘴并不仅仅是用来吃饭的，他还为其开发了许多新功用，都是什么呢？

多功能小嘴

人最本质的生活便是吃！而吃则需要嘴的帮忙，由此可见嘴对人的重要性。当宝贝还是一株小小的胎苗时，最先出现感觉细胞的便是“嘴部”。这一神奇的事件发生在怀孕两个月的时候。

由于嘴最先有感觉，所以它的灵敏度比其他感官也更高。出生后，嘴对宝贝而言，可是多功能的——

功能一：吃饭

这一条似乎不用细说，此时的吃可是他们的头等大事，重中之重！

功能二：探测仪

由于人的发展是自上而下进行的，因此宝贝出生后嘴上的神经末梢明显多于指尖，探测物品的灵敏度最高。所以，宝贝们在认知世界之初，以及日后在手指还不够敏感灵活时，“嘴”一直是宝贝为自己准备的第一部探测仪。对于身边的一切事物，不分大小、好坏、是否危险，只要被宝贝接触到，他都一定要用嘴来测试一下。

科学真相 | Point

据一项实验观察，新生儿会用嘴与舌头的不同动作去探索形状不一的奶嘴，而且完全可以只凭触觉就能将物品分辨出来。实验者用了两种奶嘴，一种是平滑的，一种是表面有小突起的，让婴儿们只吸吮其中一种（但不让他们看见）。然后拿两种奶嘴的放大版给婴儿们看，结果十分明显：婴儿们喜欢看自己吸过的奶嘴。由此可见，幼小的婴儿不但能以嘴察知物品的形状，还能凭触觉经验形成抽象概念。

如果妈妈们足够细心，在平时会发现这样一个现象：每次宝贝拿着奶嘴往嘴里塞的时候，他并不是靠眼睛来引导的，而是完全由触觉来感受，看他拿着奶嘴在嘴边戳来戳去，试了一次又一次，最后终于成功地塞进嘴里时，你知道这最后的成功在他那小小的心中会击起多大的浪花儿吗？兴奋、激动、得意……因为那可是他自己努力获得的呢！所以，下次再看见那小小的人儿艰难地尝试着什么，千万别“好心”地急着去帮助他，对他而言，因为不会，所以才要尝试，才要学。此时，他要的不是帮助，而是鼓励！

当然，除了鼓励，还可以让宝贝多练习一些类似这种拿奶嘴放入口中的动作，不仅能促进其触觉的敏锐度，还可以提高他的动作协调能力呢。

而且，一周岁之前的宝贝也是极喜欢把能够抓到的东西都放到嘴里去“品尝品尝”的。这是因为12个月以前，宝贝那双小手的触觉还不够灵敏，但是那小小的舌头却已是敏感至极，所以要想很好地认识这个世界，宝贝当然得拿出自己最先进的武器——舌头。于是，舌头便把自己感知到的硬的、软的、方的、圆的等等信息统统呈报给大脑。

但是，这种尝尽一切的行为对家长来讲却是个不小的“挑战”，何止一个“脏”字了得！在那段日子里，相信每一个家长都会经常重复这样一个动作——一旦见到宝贝将东西放入小嘴，立刻冲上去拦阻下来，同时再跟上一句“不可以吃，脏”。结果呢？一场“灾难”虽被挽救，但是宝贝的那番探索认识世界的积极性却被彻底打消了。

其实，正确的做法也很简单，找一些干净、柔软、安全的东西让宝贝尽情地咬，并适当给他点磨牙饼等，宝贝会很开心的。

小嘴的嗜好

谁都有些特殊的嗜好，小宝贝们也一样，在他们那不长的人生经历中，最让其着迷的就是吮奶嘴、吃手指了。

这是因为这些嗜好可以满足他那持续不断的触觉需求。而且，反复吸吮的动作还能够促进上下腭、舌头、脸部肌肉的发育，这对宝贝以后的进食及发音都有着莫大的帮助。

吃手指的爱好，可以一直追溯到宝贝还是胎儿的时候。有实验曾用超声显像方法看到，早在胎宝贝24周（怀孕6个月）的时候，他就有了吸吮拇指的动作。所以，这个小嗜好也是小宝贝用来安慰自己情绪的一种方式。但是，鉴于卫生及行为习惯等等问题，宝贝的这两个嗜好只能取其一——吮奶嘴，允许！吃手指，免谈！

如何让宝贝放过那根可怜的手指呢？于是，有人发明了安抚奶嘴。由于宝贝刚出生时会对这个新环境感到陌生与不适应，他便需要通过吮吸的方式安抚自己，其功效与哭泣同等重要。所以，对宝贝而言，他选择的不是奶嘴，而是安慰。安抚奶嘴就是在正常吃奶的时间外，能继续满足宝贝吮吸需求的一个东西。

通常可以在宝贝6个月左右大时给其使用。因为6个月至2岁的小宝贝是生长过程中的口欲期，这个时期的宝贝无论拿到什么东西都会咬上一口，而且此时期也很容易养成吃手指的习惯。所以，用安抚奶嘴除了可以替代不卫生的手指外，还能给宝贝带来

吸吮的满足感与安全感。

不过，2岁以后就应该让宝贝与安抚奶嘴说再见了，否则会引起口腔问题，比如乳牙移位或者形成“奶瓶嘴”等。为了避免后遗症，从这个时候起，妈妈一定要考虑戒除的问题。

科学真相 Point

英国《BMC儿科》杂志曾公布一项报告说，美国和智利的研究人员收集了智利一个地区128名儿童的相关数据。这些儿童的年龄在3～5岁之间，其中一些儿童仍在吸吮橡皮奶嘴等物品。研究人员向他们的父母询问了孩子出生后的哺乳、吸吮奶嘴或手指等情况，并请专门的医生评估这些儿童的语言能力。

结果发现，那些吸吮奶嘴或吸吮手指超过3年的儿童，语言能力出现障碍的可能性比普通孩子高出约3倍。研究还发现，如果在孩子9个月后才开始吸吮奶嘴等物品，可以降低以后语言功能出现障碍的风险。

指导小手册

为了避免安抚奶嘴后遗症，妈妈一定要考虑戒除的问题。那么从何做起呢？不妨参考以下办法：

1. 未雨绸缪

千万别让安抚奶嘴突然间消失得无影无踪，可以在宝贝快满12个月时，逐渐地帮他摆脱安抚奶嘴。比如先从1小时缩短到40分钟，过两天再缩短到20分钟……之后，就只允许其在睡觉前和特别需要时才使用。总之，采取循序渐进的方式，宝贝会更容易接受一些。

2. 注意言行方式

千万别以为惩罚宝贝几次或者嘲笑他几句，宝贝便能就此割舍得下。

3. 转移注意力

宝贝要求用安抚奶嘴的时候，可试着放些音乐或带他到外面

看看小花小草等来帮他转移注意力。

4. 跟宝宝多沟通交流

与宝贝一起来决定如何处置不再用的安抚奶嘴，是扔掉、收起来，还是藏在枕头下面，都要听听宝贝的意见。

5. 要讲策略

妈妈可以设计一张表格来记录宝贝每天的进步，如果今天没有用安抚奶嘴，妈妈可以奖励宝贝一个小贴纸，一起贴上。

6. 多些宽容和鼓励

允许宝贝表达自己的感情，如果因为得不到安抚奶嘴而难过或者生气，妈妈要给宝贝更多的安慰和鼓励。

所谓“冷暖自知”

宝贝的冷暖感知虽然是天生的，但是要想最终明白其意，大概还得依靠一次次的经历才能逐渐习得。

降世后的“冷遇”

待在那个充满羊水的“房间”里时，无论妈妈是在夏日里晒太阳，还是在冬季散步，小胎宝贝周围的温度总是保持在37℃。因此，对这个小住户来说，能在这样一个温暖而四季恒温的好地方居住9个月，那可是一件幸福的事情。

但是，凡事总是有限期的，居留签证一到期，妈妈一声令下，小房客只好立刻搬了出来。可是，搬到外面会遇到什么呢？不容他多想，一股冷空气便已扫过皮肤，那就如同在温水里游了很长时间后上岸时的感觉——这就是宝贝出生后的第一感觉。如此悬殊的落差感，难怪宝贝们要那样拼了力气放声大哭。不适应啊！本来被强迫着搬出来就够委屈了，还要承受这难以忍受的“冷遇”，心里如何能平衡啊！

唉，无论如何，温暖的保护层是没有了，宝贝只好慢慢适应，所以，如果在这个痛苦的时刻能被妈妈拥入充满温暖和爱的怀抱，无论对他的小身体还是小心灵，都是一个安慰。宝贝生下来，要经过大约一个小时才能逐步适应外面的世界，而这一段时间对小宝贝来说可是极为漫长的。

很显然，这是因为刚出生的宝贝调节体温的能力相当差。宝贝体温不能调控自如的原因也很多，比如身体脂肪少、不会颤抖、排汗能力较差等等，这些都使宝贝无法应付较为复杂的状况。

科学真相 Point

出生才一天的婴儿就能辨别触到面颊上的刺激是冷还是热，温暖的玻璃管会引得他把嘴凑过来，冷玻璃管会使他将脸转开。很热或很冷的物品，也会使幼小的婴儿摸到之后把手缩回来。6个月大的婴儿能借温度差异，分辨两件一模一样的东西：握过一根摸起来温暖的圆筒之后，婴儿会厌烦，宁愿改握另一个摸起来凉凉的圆筒。由此可知，婴儿从很小就能够感觉温度，并且借温度来理解周遭的事物。

尽管宝贝的这部小机体还不具备很好的调温能力，但是他自有一个应对周遭温度变化的聪明法子——调整自己的活动量。周遭温度如果变凉，宝贝就会醒过来，立刻开始摇动胳膊和腿，在体内制造热量，为自己升温。环境若是变热，宝贝就会舒服地多睡一会儿，并且摆出一个“日光浴”的睡姿，将四肢伸展开，进行散热。这与小狗狗在极热时会伸出舌头来散热同理。而如此体态，也可以成为判断他是否太热或太冷的标准。

吃不是唯一需要的

对于温度觉的反应还可以从宝贝的一日N餐中得以表现。一直以来我们都在提倡母乳喂养，主要是考虑它有极其丰富的营养。但是除了这些，母乳还有一个好处——可以抚慰宝贝的情绪。

为什么呢？因为牛奶的温度多少有些不可控，忽冷忽热，这就让宝贝感觉吃饭是件不可预测的事，过程中竟然存有那么多的不确定性，温度啊、浓淡啊等等，都挺让人担心的。而母乳则让人放心得多，它的温度永远都是恒温，这让宝贝觉得安定而舒心。如果在吃饭的时候妈妈再轻轻地爱抚着，那么小宝贝更会流露出一副愉快、满足的表情。宝贝高兴了，这种良好的内心感受就会转变成让妈妈满意的行为——瞧，我是个听话的宝宝吧！据儿科实践发现，母乳哺育的孩子都十分快乐，特别是那些在出生后第二年还在吃奶的蹒跚学步的宝贝。这些在学步期还吃奶的宝贝看起来能善待自己，也能与照料他的人和睦相处。

科学真相 Point

充满了母子亲情的养育除了给宝贝的荷尔蒙带来很好的影响之外，还为母亲的身体带来了有益的化学作用。母亲的养育行为，特别是哺乳，导致催乳素和催产素这两种荷尔蒙大量分泌。这两种“母爱荷尔蒙”起到了生理上的辅助作用，给妈妈带来了做母亲的特殊幸福感。实际上，这两种荷尔蒙构成了母爱本能的生理基础。在母亲开始给宝贝哺乳后的30分钟内，体内的催乳素水平会增加至原来的10～20倍，其中的大部分会在一小时内消耗掉。催乳素是一种只在短时间内起作用的物质，因此为了达到最佳的母爱回应，妈妈应该经常给宝贝哺乳，而这正是宝贝所需要的。

看来，母爱虽是天性却也需要一个触发点，它就隐含在这一次次的哺育与爱抚之中。所以，在宝贝吃饭的时段，一定要记得放下繁杂的琐事，静下心来让自己沉浸在这短暂而又频繁的温馨中。而且，这也确实是一个能让母子双方都安静下来的时刻，因为母乳中含有一种天然促进睡眠的蛋白质，能让宝贝安然入睡；而宝贝的吸吮动作也会使妈妈体内分泌出一些有助于放松的激素。而这一点对于工作繁忙的新妈妈来讲，几乎抵得上一场SPA（水疗）。

日本国立成长医疗中心研究所的谷村雅子建议妈妈们在喂奶时，最好为宝贝营造一个安宁的环境，要与宝贝对视、微笑，给他唱些儿歌童谣等等。这样，宝贝长大后也更容易拥有平静淡定的心态。而最糟糕的情形是，有些妈妈一边喂着宝贝，一边还忙着与其他人争论不休，这一行为会让宝贝在潜意识中认为，喝奶、进食并不能使人快乐，它是争吵的一部分，这样的观念会直接影响到他日后的生活态度。民以食为天，婴儿以奶为天，连吃奶都不能开开心心，还能有什么值得高兴的事呢？

爱的变量

让宝贝吃饱喝足，只满足他的生理需要，就能够让他与父母建立起至真的亲情，就能健康成长了吗？当然不能！对宝贝来说，外界事物的吸引力再大也不及与妈妈身体的接触来得安心。

科学真相 | Point

20世纪50年代末，美国威斯康星大学动物心理学家哈洛做了这样一个实验：哈洛和同事们把一只刚出生的婴猴放进一个笼子养育，并用两只假猴子替代真母猴。这两个代母猴分别用铁丝和绒布做成，实验者在“铁丝母猴”胸前特别安置了一个可以提供奶水的橡皮奶头。按哈洛的说法就是“一个是柔软、温暖的母亲，一个是有着无限耐心、可以24小时提供奶水的母亲”。刚开始，婴猴多围着“铁丝母猴”，但没过几天，令人惊讶的事情就发生了：婴猴只在饥饿的时候才到“铁丝母猴”那里喝几口奶水，更多的时候都与“绒布母猴”待在一起；婴猴在遭到不熟悉的物体，如一只木制的大蜘蛛的威胁时，会跑到“绒布母猴”身边并紧紧抱住它，似乎

"绒布母猴"会给婴猴更多的安全感。

哈洛从这个"代母养育实验"中观察到了一些问题：那些由"绒布母猴"抚养大的猴子不能和其他猴子一起玩耍，性格极其孤僻，甚至性成熟后不能进行交配。于是，哈洛对实验进行了改进，为婴猴制作了一个可以摇摆的"绒布母猴"，并保证它每天都会有一个半小时的时间和真正的猴子在一起玩耍。改进后的实验表明，这样哺育大的猴子基本上正常了。

哈洛等人的实验研究结果，用他的话说就是，"证明了爱存在三个变量：触摸、运动、玩耍"。

看吧，虽说吃是身体之根本，但是身体上的温暖抚慰更能赢得宝贝的依恋之情，在他的小小心灵里，身体上的温暖是与妈妈的关怀和爱联系在一起的。

所以，别看宝贝不谙世事，他能通过身体上的感觉体会出许多不同的感情。这就是为什么人常说，幼年时缺少拥抱与爱抚的孩子，成年后容易变得情感淡漠。所以，温暖，对宝贝而言不仅仅是身体感觉，更是心理需求。

学会知冷知热

从来，我们都以为"冷热自知"，温度感觉似乎是基本的能力，甚至是人的本能，却不承想对于初生的宝贝们来说，这个冷热的概念及辨别原来是后天学习才懂得的。

我们需要特意为宝贝上几节有关冷热概念的辅导课，以教他们认知那温暖的水带来的感觉，叫"热"；冬天寒风吹过脸庞的感觉，叫"冷"。因为这个天性的感觉需要后天不断地体验，直到皮肤觉不断地将这些信息传给大脑，大脑存贮好了这两个冷与热的概念后，下次再遇到相关情况，大脑就能及时地告诉皮肤那是什么，并如何应对它。这时，宝贝才算完全懂得了冷与热的不同。

科学真相 Point

有相当多的研究表明，新生儿是能够感觉到温度变化的。在一项对新生儿的研究中，研究者发现婴儿对牛奶温度变化的适应范围可以达到50～85摄氏度，对冷牛奶的个人适应度为5～32摄氏度。这些结果表明，新生儿对大大高于或低于正常体温的温度变化有着相当大的忍受力。所以，这也告诉我们，别看那小人儿看上去软软弱弱的，其实还是很有耐力的，不可小视。

在一项研究中，给一组早产儿喂的是直接从冰箱取出来的牛奶，给另一组婴儿喂的则是同正常体温一样的牛奶。在经过两千次喂养后，对这两组婴儿作了仔细的医疗检查，检查结果只有一个显著差别——喝冷牛奶的婴儿，只是在喝完牛奶后的短时间里体温暂时有所下降（霍尔特等，1962）。在比这还要早的一项研究中，给150个婴儿喂的也是冷牛奶，但两个实验结果很接近。由此可以得出结论，婴儿在生理上有更强的恢复能力。

这个关于如何适应冷热温度的实验说明，温度觉虽是天生，但是却需要后天的一次次经验来加强，一直到最后，我们几乎都不用动脑筋去想就知道冷热之感。而这个经验对小婴儿来说则更为重要，他们对冷适应得很快，受环境温度的影响很大，需要给予适当的保暖。此外，尤其需要注意的是，用热水瓶、电烫壶保暖时，要注意安全，切忌靠近孩子的皮肤，尽管孩子能感觉到温度的高低，但他的痛觉比较迟钝又无能力作出反抗来保护自己，所以一不小心就容易造成烫伤。

触觉的妙用

触觉能力可以细分为触觉辨识和触觉防御两部分：触觉辨识能力能够让宝贝从生活实践中积累起诸如软硬、冷热等不同的经验；而触觉防御能力则可以让宝贝了解环境的安危，进而及时找到保护自己的办法。

敏感的触觉

多数时候，我们对触感都有些无意识。一个杯子拿在手里就是拿在手里，并不会细想它握在掌心里是什么样的感觉。粗糙的？光滑的？玻璃与不锈钢之间的质感又有何区别？……

不过等你哪天有空了，可以慢慢去品味一番，或许会发现，原来在那些细微的触感中，竟有那么多以前从未察觉的东西。而且倘若你多试几次，便会发现生活变得有些不一样了……而这些几乎快被成人遗忘的触感，却是小宝贝们的最爱。

在五种感官中，触觉器官所占面积最大，即使是一个刚刚出生的小婴儿，他的全身皮肤也早已布满了灵敏的触觉。所以，别看小家伙身形娇小，但是他对不同的温度、湿度、物体的质地和疼痛的触觉感受能力可是一点也不少。

科学真相 Point

研究表明，经常接受抚摸的婴儿，情绪和睡眠比同龄的婴儿更优质。因为触摸会帮助释放更多的成长荷尔蒙，而接受过爱抚的宝贝更容易入睡，睡眠中的成长荷尔蒙分泌量是最多的。如果婴儿缺乏抚摸，其触觉会越来越不敏感，其成长荷尔蒙得不到激发就会自行关闭，换句话说，这些宝贝的个子都不会太高。这种现象在人手不足的孤儿院中多有体现。与之相反的，对那些早产儿来说，父母的爱抚会起到惊人的康复力量，拥抱与爱抚会让这些早产儿更快地

由位于脑部的脑垂体分泌的、控制我们生长发育的重要荷尔蒙，又称为垂体荷尔蒙。如果垂体荷尔蒙分泌出现异常，就会影响到人的发育。比如分泌过量会导致巨人症；分泌不足则是侏儒症。

健康成长起来。与此同时，温柔的抚摸还会使婴儿体内的压力荷尔蒙——可的松（一种肾上腺皮质激素，具有调节盐类及水代谢的作用）明显下降。

可的松的机能之一就是帮助个体应对压力以及在险恶的环境中迅速应变。母婴之间无忧无虑的亲情维持了宝贝的荷尔蒙平衡，而对母亲缺乏亲切感的婴儿，要么习惯于较低的荷尔蒙水平，变得反应迟钝，要么长期处于较高的荷尔蒙水平，导致心理紧张，患上慢性焦虑症。

这就是为什么曾经习惯于被紧紧包裹在子宫内的胎宝贝，出生后依然喜欢紧贴着身体的温暖环境。

除了生理原因外，心理因素也很重要。出生后，宝贝的生活空间忽然大了许多，可以舒舒服服、自由自在地将小胳膊小腿尽量地伸展开去，所居之处再也不是之前那个磕磕碰碰的小“蜗居”。这突然而至的自由空间让宝贝有些慌乱，所以当他被妈妈抱在怀里时，总有种重回子宫的怀旧感，重温子宫所特有的温暖感和安全感。当然，这个适应过程也是逐渐的，睡觉时他依然会不由自主地去寻找在“蜗居”中的那个边界，因此，他会时不时地使劲向上挪一挪，一定要等小脑袋碰上了床栏杆之后才能安然地继续沉睡。这一居住习惯，大约要等出生6周后才能被他淡忘。

这里还应该提及我们东方民族包裹新生儿的习惯。一般有经验的父母都说，将新生儿包裹好，可以使他们睡得更安静，惊跳次数也会相对减少。这是因为包裹就好似子宫的替代品，新生的宝贝就利用包裹的触觉感受来使自己安静。而当你怀抱他们时，他们喜欢紧贴着你的身体，依偎着你。

全世界的父母在面对小

婴儿哭闹时，都会本能地抱起自己的孩子，并轻拍、摇动他们，这其实就是在充分利用触觉来安慰新生儿。根据一个实验观察，有三分之二哭闹着的新生儿，只需要和他们说话，将手放在婴儿的腹部，并按住他们的两个手臂，通过触觉刺激就能使他们停止哭闹，并不需要特意抱起来安慰。当然，如果是他们饿了，或心里实在是不舒服，那这招就不奏效了。

|指导小手册|

如何训练宝宝的触觉

1. 将训练放入日常生活中

如给宝贝扑爽身粉时，就可以顺便为其做做触觉训练。让宝贝躺好，用粉扑在他的腰部、胸部和背部，各摩擦三次。为了增强宝贝的认知能力，还可以一边摩擦一边说出身体各部位的名称。

2. 特别时间，特别训练

每天上午，当室内温度转暖之时，可以让宝宝裸睡在床上，之后由头部向身体，再向手脚慢慢抚摸宝宝，时间2分钟左右，每分钟12次左右。注意一定要确保宝宝的情绪是轻松愉快的。

3. 不同的质感，不同的触感

分别用两种不同的布料，如丝绒和麻纱轻轻摩擦宝贝的全身。边擦边告诉其布料的触感，是“柔软”还是“毛糙”。还可以将布放在宝贝的手中，逗他握住，以便摩擦手掌内的触觉神经。注意每块布料做3次。

触觉有什么用？

通常我们都知道“视觉”看物，“听觉”听声，“嗅觉”闻味，“触觉”呢？除了感受触摸之外，还有什么用途？

触觉，身体的无影“保镖”

如果把时间再次推回到人类最原始的阶段，当一个小婴儿呱呱坠地后，他所处的环境就已不再是安全而温暖的了，相反，这个全新的世界一切都是那么不可知，充满了寒意和重重危险，似乎随时都会遭遇灾难，总之，大自然对一个新生儿来说没有美好，只有“危机四伏”。可是，此时新生儿的眼睛、耳朵等感官都还只是处于萌芽状态，谁来为这稚弱的新生命保驾护航呢？那个一直若隐若现的皮肤触觉毅然决然地挺身而出，英勇承担起了辨识与防御的重要任务。

触觉辨识能力能让宝贝很清晰地分辨出软与硬的不同、冷与热的迥异等等；触觉防御能力则能让宝贝通过肌肤的不同感受做出应对环境的正确判断，从而保护自己。例如，对于刚出生的婴宝贝，如果喂的液体太热或太凉，盖的被子太厚或太薄，或者尿布被尿湿，触感都会准确无误地报告给他，而他就用哭闹的方式加以拒绝，所以说触觉是身体的无影保护神一点都不为过。再比如，宝贝能清楚地知道如何躲避较为尖锐的物体，以免伤到自己。还知道一旦妈妈用温暖的手掌轻轻拍抚自己，就意味着四周是安全的，可以放心大胆地睡觉了。这些都是自我保护的反应，也是触觉防御功能的体现。

触觉，合作模范

大自然赋予触觉那么大的领土，并不是让它独霸天下，它需要和其他感官一起努力，让主人顺利地感觉、认识、把握和享受这个世界。比如眼睛，当你第一次拿起一根长形积木给宝贝“看”时，其实他不知道是“长形”，他必须亲自用手摸一摸，用嘴咬一咬之后，才能接受“长形”这个概念并把它存在脑海中。这也是宝贝一看到某个新东西，便会反射性地放进嘴中的奥妙所在。只有经过这样一番“看”、“摸”、“咬”的亲身体验之后，大脑才愿意把这些物体的材质、形状与大小等信息收藏起来，下次再看到类似的东西就直接把信息输送出来告诉宝贝那是长形、那是圆的。再比如，宝贝看到一件新玩具之后，他的第一个反应是先利用触觉侦测一下物体的安全性，再用视觉了解一下它的颜色与形状，最终用听觉了解一下它的声音，这些过程就是触觉的一系列协调工作。可见，如果触觉缺席，眼、耳等感官也就难以履行其职责。所以，宝贝的触觉发展直接影响着其智能的发展。

|指导小手册|

宝贝的触觉发展虽然会按其自身的规律不断行进，但我们也可以采取一些适时的刺激，帮助宝宝发展触觉能力。

0～1个月

爸爸的胡子：用带胡茬的脸轻轻亲亲宝贝，这会让其感受到不一样的皮肤触觉。另外，这样的拥抱还能使宝贝感受到爸爸那宽厚的臂膀所带来的安全感和力量感。

妈妈的轻抚：新生儿很敏感，尤其是嘴唇、眼、前额、手掌和脚底。妈妈可以有意地用乳头或手经常轻触宝宝嘴唇，这能让他马上产生吸奶动作并将脸转到被触方向，同时也能增进情感交流。

2～3个月

抓玩具：为了提高宝贝的触觉能力,可以把不同质地的玩具放在宝宝手中停一会，还可以用玩具从宝贝的指根到指尖进行轻抚，然后轻抚手背。当宝贝的手自然张开时，可以将玩具塞到他手中，帮其练习抓握动作。

握手指：把食指放在宝宝手心上，轻触他的小手并向其“问好”，引起其兴趣。再将手指从他手心移到手掌边缘，看宝宝能否握住手指，反复动作直到熟练。

3～4个月

触摸形状：当宝宝“啊啊”讲话时，父母举起不同颜色的正方形、长方形和三角形积木给他看，并告知形状。还可以让他摸一摸，反复刺激有利于日后分辨形状。

4~5个月

拨豆子：把豆子放在浅筐内，将宝宝的小手放在豆子中，并协助他做拨豆子的动作，这可以帮助宝贝锻炼手部的灵敏度和灵活性。当然，还要记得千万别让他在游戏中吞食豆子。

摸摸脸：感知面部器官。轻柔地触摸他脸上不同的部位，并告诉他每个部位的名称。如轻抚他的鼻子，并说："这是你的鼻子。"也可引导他用手触摸你的脸。

摸世界：父母抱着宝贝认识周围的每一件物体时，都要让他的小手亲自去摸一摸。

5~7个月

目标抓取：宝贝的抓握能力初步展现，因此促进宝贝抓握能力的发展能为其体验触觉创造更多的机会。可以明确指示宝贝将悬挂在床头或者床尾的玩具抓住。还可以手持宝贝喜欢的玩具，但不立即给他，鼓励他自己来抓握。

抓泡泡：在宝贝面前吹泡泡，五彩缤纷的小泡泡一定能吸引小宝贝去抓去碰。这还能让宝贝的身体得到锻炼呢。

感受物体：为宝贝制作一册具有不同质感的识物图卡，例如：毛茸茸的兔子毛皮、有质感的金属等，让宝贝任意触摸摆弄。

爬中练：可在地上铺些不同材质的布或地毯，让宝贝自由爬行。既锻炼了手脚的触感，又锻炼了爬行能力。

水中摸：在洗浴盆里放一些塑料玩具，如小摇铃、小彩球、小塑料杯等，逗引宝贝在水中玩耍，体验水的流动、物体的漂浮感。

7~12个月

爬中学：宝贝可以自由爬行以及扶物站立后，对于触觉的体验机会更为广泛。因此可以在其爬行、行走的范围中放置触感迥异的玩具，例如绒毛玩具与皮球。同时，利用宝贝触摸到的不同玩具来为他强化不同的方位概念，例如可以告诉宝贝，"来妈妈这边，就是绒绒熊熊这边，这是后边"。

Part 2 你闻到了什么

嗅觉对于婴儿早期来说是至关重要的，它能帮助婴儿与父母和其他照顾者建立稳固的亲密关系，这也是婴儿生存不可或缺的。

一个胎儿的嗅觉经验

出生前的嗅觉经验，将会使胎儿在未出生时就能对母亲的生活习惯有个大致了解，从而在出生后可以很快与母亲建立起互动关系，所以嗅觉显然是一个有效的求生手段。

人的嗅觉始于何时呢？也许你不会相信，它始于精子时期。当精子进入子宫后，嗅觉便立刻开始了寻觅，它在寻找——“卵香”！原来那一直居守关中的卵子如同清朝那位有名的香妃一般，天生带着一种奇异的香味。而这，正是精子细胞追寻的目标。因此，当它嗅到这一气息后便会掉头奋力游向目标，此番过程倒真有些类似于《诗经》中的那句名言：关关雎鸠，在河之洲。窈窕淑女，君子好逑。

也正是这份不舍不弃的“爱”最终成就了“嗅觉”的永久地位。此后的分分秒秒，嗅觉神经便不断地枝繁叶茂起来，在准妈妈怀孕第28周的时候，胎宝贝开始有了真正意义上的嗅觉能力。于是，无论妈妈闻到或尝到的任何味道，胎宝贝都能照单全收。

而进入怀孕最后3个月的时候，嗅觉呈疯长之势，这让胎宝贝的嗅觉生活陡然间变得丰富起来。准妈妈吃喝的各类食品的味道、吸入的不同气味等，胎宝贝几乎都能闻到，比如办公室里的香烟味、公路上的汽车燃油味、午饭南瓜粥的香味……

大概正是因为胎宝贝有如此非凡的能力，所以民间流传至今的“七胎道”（妊娠时需遵守的七种胎教方法）里就有“风入松”的说法，就是鼓励准妈妈们要多多吸入犹如松树林里那般清新的空气，而传统的胎教也一再强调要让准妈妈多闻花儿或兰草的芳香。

科学真相 | Point

为什么胎宝贝需要清新的空气呢?

首先，氧气是胎宝贝正常生长和发育的必要因素。我们成人的脑部重量不到体重的2%，但它所需的氧气却占整个身体所需氧气的20%。而胎宝贝的脑部重量要占整个体重的10%，胎宝贝的脑部对氧气的需求也就不言而喻了。因此当孕妈妈们吸入不良空气时，对胎宝贝造成的不良影响也是显而易见的。

其次，无论对身体还是心理而言，新鲜空气都是保证孕妈妈拥有良好状态的必要因素。通常情况下，孕妈妈对气味的反应比平日更加敏感。所以，如果空气状况不好，呕吐或发烧事件就会频繁地找上门来。

把鼻子翘起来

出生后，宝贝灵敏的嗅觉是其健康成长的一个重要前提。父母们该注意哪些问题呢？

你是什么味道

“想念你的笑，想念你的外套，想念你白色袜子和你身上的味道。”一曲《味道》引出了多少美丽回忆。确实，与爱人相处日久，你会熟悉到连对方的味道都可以分辨，可以回味。

这一点，恐怕同样让妈妈们感动不已。回想那曾与宝贝长达九月之多紧紧相依的日子，彼此的味道岂止是一个“熟悉”所能涵盖。要知道，那味道是妈妈与宝贝的一种另类交流方式，同时也是宝贝的生命指引线。循着它，宝贝可以找到一片温暖，得到一份给养，获取满怀安心的幸福。这是天性使然吗？

科学真相 | Point

有研究证实，出生后如果不是那么急着给婴儿洗澡的话，那些附着在身上的羊水气味会令新生的宝贝更喜爱且更安心。

但是，我们很可能无法左右医院的生产程序。不过，幸而新生儿在洗干净后仍能嗅到其他熟悉的气味，比如妈妈分泌乳汁的气味、汗水、唾液等分泌物，这些成分里都会含有一些与子宫羊水相同的气味，只要多与妈妈亲近，婴宝贝就能重新找到让自己熟悉的味道。

要知道这个“熟悉”对初来乍到的宝贝来说有多重要，它是

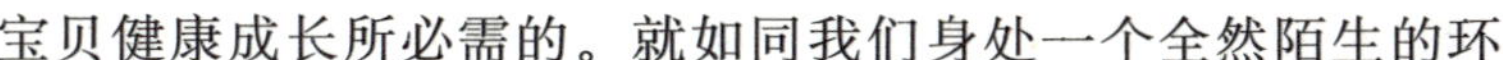

宝贝健康成长所必需的。就如同我们身处一个全然陌生的环境，如果突然碰到一个相熟的朋友，那颗紧缩的心会就此放松，从而能够带着一份从容且新奇的态度让自己逐渐去认识和适应这个新地方。

因此，为了让新生的宝贝能够安心、放心，可以把带有妈妈体香的衣服轻轻盖在宝贝身上，在熟悉气味的环绕下，宝贝可以从中获得一份安全感，同时也可以增进宝贝对妈妈的感情。

闻闻妈妈在哪儿

等宝贝初步适应了环境之后，对于另一种味道的思念随即迫切起来，那就是妈妈的乳汁——他的生命线。因此，宝贝翘起了小鼻子开始四处搜寻。

科学真相 Point

怀着一份好奇，人们在一个刚出生6天的宝贝的头两侧分别放置了两块浸有不同乳汁的棉球（其中一块的乳汁来自孩子的妈妈）。只见如同被施了魔法一般，这个新生的宝贝立刻将头转向了散发着自己妈妈乳汁气味的棉球方向。而这种找对方向吃对奶的笃定会让宝贝心情大为愉悦，食欲也随之旺盛起来。

继续实验，你还会发现2天大的宝贝对这二者没有太强的区分能力，但是6天大的宝贝已能更多地朝向母亲的棉球，换句话说，这个小人儿具有区分母亲的乳汁和其他乳汁气味的嗅觉能力，这一现象对于10天大的宝贝来说则更是惊人地明显（因为宝贝的嗅觉神经是日新月异的）。

如果不是吃自己妈妈的奶，宝贝的此项能力就会显得很弱。不过，另一个有趣的现象则是，新生的宝贝们无一例外地都喜欢闻正在哺乳的女人的气味，显然，对于人奶味道的偏爱始于天性。这一本能保证了他们即使闭着眼睛，也能找到对自己最有营养的食物资源。不信的话，你可以用人奶和牛奶分别试探一下他！

宝贝对妈妈的追寻依靠天性，妈妈们又是怎样的呢？于是，人们又给一组妈妈蒙上眼睛、戴上耳罩，以试验她们是否可以闻出自己的孩子，结果70%的妈妈只凭嗅觉就辨认出了自家的宝贝。另一项研究则是要求70对生儿育女的夫妻在婴儿出生后的第一周内，去闻装在密封瓶内的不同气味（气味来源包括婴儿穿过的恤衫、沾有婴儿尿液和粪便的纸尿布、婴儿油）。结果是——妈妈们对自己宝贝的气味非常敏感，而爸爸们的成绩则取决于宝贝出生后，被抱在其怀里的时间的早晚与次数。

更重要的一点是，当妈妈们闻到自家宝贝的气味时，会产生“欣喜”“愉悦”等明快情绪，而其他孩子的气味则没有这种效果。不过，令人感兴趣的是，无论气味来自自家的宝贝还是别家的孩子，都同样可以给妈妈们带来“幸福感”，而这份感觉则又直接唤醒了其深藏于体内的“母性”基因，抚平了“不安情绪”。但是，这一类似于化学反应的效用只限于刚刚生产，体内荷尔蒙尚处于特殊状态的妈妈们。

|指导小手册|

由于妈妈的味道对哺乳期内的宝贝分外重要，因此，妈妈们一定要注意以下几个问题：

1. 哺育宝贝时，千万不要化浓妆。浓厚的化妆品味道会将妈妈原有的体味驱散殆尽。

2. 爸爸妈妈们在宝贝还很幼小的时期，应避免更换自己惯用的肥皂、香水等，这同样是为了避免本来的体味被掩盖。

3. 如果可能，一定要尽早让宝贝吸取妈妈的乳汁，因为新生的宝贝在出生后的20～30分钟之间，吸吮反射最为强烈。如果错过了这段黄金时间，宝贝的吸吮反射会在一天半内有所减弱，这就有可能影响母乳喂养的顺利开始。此外，宝贝的吮吸同时可以刺激妈妈子宫的收缩，减少子宫出血。

4. 早期嗅觉辨认必须依赖充分的亲子接触。不喂母乳的妈妈在用奶瓶喂婴宝贝的时候，可以把宝贝贴到自己的胸前，这同样可增进宝贝的嗅觉辨认能力。

翘起鼻子，警惕周围的动静

凭嗅觉上的无声互动，宝贝与妈妈的关系会越来越密切，似乎妈妈就是他的一个超级大奶瓶。其实，妈妈的“功用”又何止这一点，如果追溯到人类的史前时代，妈妈还是他的保护神。当然，现在也是。

让我们打开想象之门：人类正与其他物种一起居住在茂密的森林中，没有坚固的房子阻隔风雨，没有先进的武器抵御野兽。而人类的小婴儿却又是如此孱弱，他们无法像小马小鹿那般一出生就能跑能跳，看不真实，听不清楚，稍许的风吹草动都能对其构成危险。只有那小小的鼻子超级敏锐，靠着它，小婴儿嗅出了周围的危险，然后，想办法躲避，或者就用响亮的哭声来通知妈妈赶紧保护自己——一个无奈却聪明的方法！

这就是嗅觉最基本的功能——自我保护！那么宝贝真的能辨别出不安全的气味吗？是的！比如让刚出生的宝贝闻香蕉和巧克力的气味时，他会表现出放松、愉快的表情；但如果闻到臭鸡蛋的气味就

会眉头紧锁。同样，他也会将这一本事运用在择食这个重大问题上，如果闻着气味不对，小宝贝会坚决反抗，拒不接受！

另一个有趣的现象也可以说明嗅觉与自我保护的紧密性。我们常常会看到婴宝贝对自己的大小便和小脚丫子满怀兴趣，会不时地闻一闻，甚至尝一尝，知道为什么吗？这是因为他需要通过不断加强嗅觉记忆来提高对臭味的警觉性。所谓记住“敌人”的气味，才能及时应对。

科学真相 Point

瑞士洛桑大学的一项研究表明，哺乳动物可以用嗅觉辨别危险气息，促使大脑做出逃避反应。

研究人员发现，当水中含有实验鼠释放的警告信息素时，其他实验鼠能立刻嗅出危险信号，远离盛水的烧杯。这个反应源于实验鼠鼻孔处300至500个细胞组成的“格吕内贝格神经束”，由这些细胞内的钙向大脑传导危险信号。而人和其他一些哺乳动物也有类似神经系统，能凭借嗅觉识别危险。

为了验证这一认定，研究人员让一只实验鼠接触其他动物的信息素、气味和母乳，实验鼠没有逃避反应，特定神经束细胞内的钙也没有增加迹象。

这就是说，只有一直被亲生母亲养育的孩子，对危险的感知与判断能力才更为敏锐。这很容易理解，如果养育环境以及养育的人总是变来变去的话，大脑中那份警觉的判断力自然会大为减弱甚至转为麻木。之前一再强调“熟悉”的气味对宝贝的重要性，原因也就在于此。虽然我们不能就此断定日后的那份“审时度势”的能力根源于此，但事实上，一个嗅觉敏锐的人，其感知力、判断力以及适应环境的能力确实是相当强的。因为，灵敏的嗅觉可以让其及早发现异常，及早想出应对的办法。

|指导小手册|

如何给宝贝营造一个安定的嗅觉环境

1. 陪睡人员要固定

不能走马灯似地更换陪睡人员。今天妈妈，明天奶奶，后天姥姥……要知道，这番举动会令宝贝情绪低落，以致不愿与人靠近，或者会表现出不同程度的紧张、哭闹、拒哺、无法安睡等情况。更为严重的是，这种紧张有可能会延续到幼儿期，出现性格孤僻甚至心理障碍等不良后果。

2. 闻气味，辨方位

可以经常让宝贝从各个方位闻一闻不同气味的物体，不但可以训练他的嗅觉分辨和嗅觉空间定位能力，还能帮助小家伙锻炼一下颈部肌肉。

3. 禁烟进行时

当家中有了宝贝时，为避免破坏孩子的嗅觉灵敏，家人最好不要抽烟。

4. 保持空气清新

经常性地更换宝贝房间里的空气，保持空气新鲜、清新，并且家里定期更换不同香味的花盆，让宝宝有一个良好的嗅觉环境。

恋物癖

这个年代，自恋情怀深藏于每一个人的心里，且由来已久，可以一直追溯到婴儿时代。

那个时候，婴儿几乎不太会说话，行动力也极为有限。但是，这并不代表这个小人儿对生活的氛围就没了要求，少了主见。正如前文所讲，小小的人儿就连吃饭时都要求必须拥有一片温馨味道才好。那么，这样他就满足了吗？当然是远远不够的！

小小的人儿，不但需要从妈妈的气味中得到抚慰，对自己的体味亦是如此。再比如这吃饭一事，小宝贝就需要双重密码来确定自己吃的是否安全：

其一，提供给他食物的那个人是否带有自己从胎儿时就已熟知的气味；

其二，要吮吸的那个乳头是否有自己曾遗留下的唾液的气味，以证明那个食物供应源是否只属于他一个人。

二者兼备，方能吃得舒心，吃得放心。这一行为在科学上被称为“遗留嗅迹”。

这种行为随着小宝贝自由活动能力的增长会慢慢变得越来越重要。这是因为，自由空间的扩大预示着与妈妈紧紧粘在一起的时间越来越少，也就是说，会越来越远离妈妈的气味圈。于是，为了能有勇气独自应对那些陌生的环境，小宝贝便依靠自己的泪水、口水和汗水等分泌物，为自己重新创造一个熟悉的嗅觉环境。

这也许就是小宝贝在两岁前会特别依恋自己用过的毯子和玩具的真正原因吧。而且，最妙的是它完全处于自己的控制之下，走到哪儿就可带到哪儿，不像妈妈，一忙起来就不见了踪影。

由于这些父母的替代品在一定程度上帮助宝贝稳定了情绪，使其从中获得了安全与快乐，并拥有更好的适应能力，因此对宝贝的这种恋物行为不必过分紧张。应顺其自然，等他长大时，这种对物品的依恋会逐渐消失。相反，如果过分紧张，总是强调宝贝的这一不妥行为，倒可能适得其反，更易强化此习惯。

但是，如果5岁之后仍有恋物情结且恋物迹象日趋明显，就可以试试以下办法促其放弃了。

1. 安抚法。

如果宝贝习惯抱着长毛玩具、吸吮奶嘴睡觉，多半是缺乏安全感，所以爸爸妈妈可以在宝贝入睡前，尽量讲一些温馨、快乐的故事，并在宝贝睡觉前更多爱抚他，增加他的安全感。

2. 转移注意力，扩展宝宝的视野。

可以多带孩子去室外活动，交几个好朋友；或者去野外踏青，观赏自然景观，既开阔了宝贝的眼界，又可以让其变得性格开朗，对物品的依恋自然也会减少。

婴儿的嗅觉和成人差不多，所以成人讨厌的味道，一般也不要让婴儿去接触。其中化学添加物过多的物品（比如太过浓郁的香皂）应避免宝贝过多接触，因为现在很多孩子都属于过敏体质，吸入过多的化学添加物可能诱发过敏反应，所以必须特别小心。如果家中出现特殊气味，如香水或空气清新剂等，需要随时注意观察宝贝的反应。总之，宝贝所生活的环境应尽量单纯一些。

|指导小手册|

1. 6～10天的时候，宝贝就已能区分妈妈和陌生人的气味。所以从这个时候起，就可以多给宝贝闻各种气味，比如给他闻不愉快的臭味，锻炼其灵敏的嗅觉，也能丰富其表情。

2. 把散发着酸味、甜味和咸味的3种食品分别放在宝贝的鼻子下方来回摇动3次。每次间隔10秒钟，然后换一种食品再进行。一边让宝贝嗅着味道，一边告诉宝贝这是甜味，这是酸味……增强他的感性认识。如果宝贝的脸部有肌肉抽动反应，即是其嗅觉反应良好的证明。

3.让宝贝运用嗅觉去探索、认知周围的世界。比如闭上眼，和他一起闻闻不同果蔬的味道，一边闻一边各自猜果蔬名，并说说颜色，讲讲口感和味道。当然，这需要宝贝再大一些时再进行。

以上这些小活动都可以提高宝贝的嗅觉灵敏度，促进大脑发展，不妨一试。

给宝贝换尿布时，妈妈的面目表情一定要丰富，比如可以扮扮鬼脸。同时看看，宝贝是不是也在模仿你的表情呢？

Part 3 爱的味道

味觉是宝贝出生时最发达的感觉，宝贝正是通过那小巧的舌头，品尝人间的美味，选择身体所需的营养，因而味觉在宝贝成长发育的历程中占有相当重要的地位。不仅如此，味觉刺激还能让宝贝变得更聪明。

杂食家是怎样炼成的

宝贝在胎儿时期就具备了味觉能力，其目的是为了出生后能够更好地辨识母亲的味道，从而得到一种熟悉的慰藉。

“吃”是一个永恒的主题，人一生中似乎大部分时间都在为了吃而奔忙。其实，远不止于此，在我们还未出生时，就已然开始“品味人生”了。

妈妈怀孕第3个月的时候，胎宝贝的味蕾初发，4个月时就能够津津有味地品尝羊水了。他在子宫里住到7个月左右的时候，就已知道人世间原来有甜有苦，味道各不相同，而对于“甜”却是无一例外地喜爱。那羊水据说竟是含有甜味的？！所以，如果说我们对甜味怀着一种近乎本能的追逐与喜好，恐怕还是有些渊源的。

而且，胎宝贝这一喜欢甜味羊水的天性，医生还曾用来治疗孕妇羊水过多的病症。其方法就是在孕妇的羊水中注入糖精以增加羊水的甜味，如此一来，胎宝贝就会喝更多的羊水，从而缓解孕妈妈羊水过多的症状（胎儿24周时在宫内已可吞咽羊水，27～40周，胎宝贝平均每天要喝1升左右的羊水，再将其排泄出去，以此锻炼肠胃功能）。

当然，羊水中的成分除了糖分，还含有胎宝贝的尿（孕妈妈们不要因此苦脸哦）、盐分、脂肪酸、胆固醇等。而且，随着孕妈妈饮食的变化，羊水的味道也会改变，因为其含有妈妈所吃的食物、香料和饮料等味道。这样宝贝在宫内就已能接触到各种物

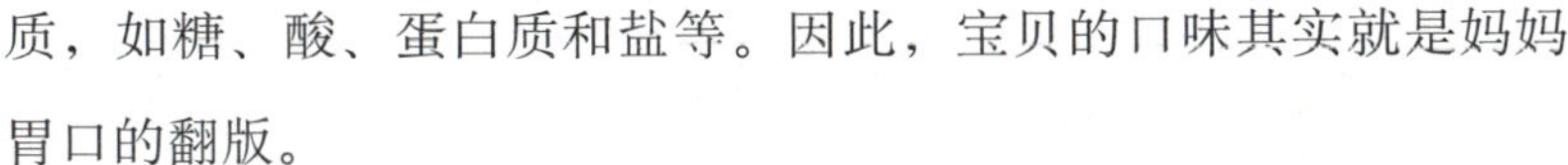

质，如糖、酸、蛋白质和盐等。因此，宝贝的口味其实就是妈妈胃口的翻版。

科学真相 Point

据英国《新科学家》周刊报道，由法国的伯努瓦斯特·沙尔领导的一个味觉科学研究小组比较了24名新生儿的味觉反应后发现，他们对香味的喜好与其母亲对香味的爱好有密切关系。

在实验中，一组孕妇在妊娠期间常吃带茴香味的食物，她们所生的婴儿一出生就被茴香味所吸引，4天后更有喜好茴香味道的表现。另一组孕妇在妊娠期间不吃带茴香味道的食物，她们的婴儿一出生就对茴香气味表现出反感或无反应，表现反感的婴儿在4天后反应更加强烈。这是由于他的味觉细胞有了进一步的发育，更为敏感了。

这个研究小组的专家认为，上述比较研究说明，孕妇妊娠期间对一些味道的好恶对胎儿味觉的形成具有重大影响。

孕妈妈们如果想日后拥有一个不偏食、口味不挑剔的“好孩子”的话，就要从现在开始努力让自己成为一个“杂食”者，要喜欢一切有益的食品，包括自己不爱吃但对身体极有用处的一些“排斥品”。否则，日后如果宝贝因为挑食而饿成个“豆芽菜”，你可别单方面下斥责令哟！有果必有因的。

人生第一课：品味

刚出生的宝贝天生就对一些基本的味道有反应，那么，是哪些味道呢？他们会有怎样的反应？

一直很甜蜜

设想一下，如果我们食不知味会怎样？答案很简单，人生会少了很多乐趣。事实上我们尚在幼儿期时，味觉都从未远离过。也许发育有前后，但是每一刻，我们都有机会去品尝那生活中的甜、咸、酸、苦、鲜，尤其是那份源自胎儿时的甜甜回忆……

“甜”源自胎儿时，来到尘世后，宝贝对它的依恋之情丝毫不会削减，但这更多是生理问题，对它的情感只是个副产品。

科学真相 Point

美国密歇根大学的精神生物学研究员苏珊娜·派斯娜和肯特·贝利吉发现，老鼠脑部有个“快感点”（pleasure spot），而这个“快感区域”会使甜的味道较之其他味道更受欢迎。而且这一快感来得相当快，它根本不需要经过进入内脏消化吸收这个过程，因为口腔里的“甜味感受体”直接连接着脑部会分泌内啡肽的区域，这些天然的、类似吗啡的化学物质会诱发快感和幸福感，甚至能阻止疼痛刺激传入脑部。

甜味本身仅仅是一种感觉而已，品尝到甜的东西所带来的快乐实际上是在大脑内部产生的。脑部的神经系统会积极地将“愉快”添加到这种感觉上，从而产生一种“喜欢”的反应。因此“甜”味是不经训练就能被宝贝接受的一种味道，而甜味食物通常也是自然界中较为安全的食物。宝贝凭着本能去接受它也是有道理的。

此外，带有甜味的食物除了补给能量，还能在心理上给人一种满足感。如果给一个精神正处于紧张状态的人吃一粒糖果，应该很快就能看到一脸的“晴空万里”。当然，如果想用糖果安抚一个哭闹不止的宝贝也一定“糖到哭止”，但是，这却是个极其危险的办法，形同可卡因之效用！因为食糖过多的话，宝贝就会只满足于“甜”的味道，而逐渐变得不能适应其他的味道。这样不仅阻碍了味觉的发展，同时还可能引起龋齿、肥胖等问题。

当然，大部分的爸爸妈妈不会因噎废食，做出这等可笑之事，但是另一个认识上的误区却依然会“不小心”让宝贝成了嗜糖狂。这就是关于乳汁难吃的传说——

有一天某成年人好奇心突起再兼童心大发，试着尝了尝奶水的味道，结果……立刻吐了出来。哇！太难吃了！除了没有甜味之外，似乎什么味道都有了！于是，就按着成年人的味觉标准下了判断：应该给宝贝的食物中加些甜味！一勺、两勺……一次、两次……结果造就了宝贝的恋糖情结，也使自己陷入了日后“糖果争夺战”之大恶人的角色中。

知道自己错在哪里了吗？想当然地认为自己的味觉与小宝贝的别无二致，可实际上差之千里！

要知道宝贝的嘴比我们的嘴更敏感，也更容易分析味道，所以他很容易接受添加给他的我们所喜好的味道。成年人的舌头布满了感受器，有的负责向大脑传递味道的信息：咸、甜、酸、苦；有的负责评估食品的质量；有的负责测量食品的温度。而婴儿的这些感受器不仅仅在舌头上，还遍布他整个口腔中。感受器的数量众多，能让宝贝更好地把信息细化，所以宝贝不需要加量加码，就能品得有滋有味。

邂逅咸味

甜与咸，一对好搭档。虽然我们经常重甜轻咸，几乎把所有的聚光灯都投给了甜，且对那咸一直带着一种苛求的态度，“不要太咸！”“太淡了，咸味不够！”……但是，想想这些细节，才陡然发觉咸味其实一直如影相随，每每吃饭时，议论最多的话题大约就是主菜味道的咸淡。

这样纠结的心理始于何时呢？这得先从宝贝还是胎儿时说起，早在怀胎6月之际，胎宝贝已有了味觉偏爱，已能将感觉信息传递到中枢神经系统那里，由它们来给出最终的味道判断。

时光荏苒，待到入得人世，虽然早已具备了一些有用的味觉，但是对咸味却还没有太多的好恶偏见，而真正的味觉革命却恰恰是始于对咸味的领会。这是由于宝贝的味觉感受细胞的细胞膜在此时生出一种对钠敏感的蛋白质。某天，才5个月大的小人儿，突然间觉出有一种咸咸的水竟然比白开水好喝！从此，咸与淡的斗争便拉开了帷幕。

其实，小宝贝之所以对盐的感受来得如此之晚，恐怕很大程度上得归咎于肾脏的发育，它的发育迟缓，阻止了宝贝享受咸味的脚步。（当然，身体发育先后的安排定然也是有它自己的道理的。）较大的婴儿以及成人的肾脏会利用钠来浓缩尿，而对于幼小的婴儿来说尚没有这种能力（这也是他们尿频尿急的原因之一吧），所以无需吸收钠。而母乳的含钠量又是极其低微的，初生的小宝贝自然不知钠为何物。

如果说，我们对甜的喜爱有些非理性的话（因为它能让身体获得快感），那么对咸的爱恋则是理智而冷静的，那份感情真是在点滴中积累起来的，因此它对我们的影响也更为重要和持久。

一个人是否嗜好咸味，全在于其断乳之后开始建立的饮食习惯。本来断乳食品中即使不加入咸味，宝贝也不会觉得少了什么，依旧能吃得津津有味。但是，如果逐渐在他的饮食中加入各种调料，慢慢地，便生出了爱咸之情，再难割舍。所以，口味清淡与否，就看爸爸妈妈的那勺盐的分量了。

如果说，吃糖过多惹出的祸是让宝贝感受其他味觉的能力下降，那么，重咸口味则会让宝贝逐渐对咸味感觉迟钝，这样一旦食物的味道稍为清淡，便觉食之无味，食之甚少，胃因此而备受牵连。但是，如若日日满足，却又导致过量摄入，这几乎是为高血压虚掩了身体门户，以备其伺机而入。

科学真相 Point

哈佛大学医学院教授、马萨诸塞州奥本山医院的史蒂芬·H.锡纳博士指出，新生儿对盐的味觉反应可能与其他因素一起提示成年后患高血压的可能性大小。

锡纳博士及同事检测了234名新生儿对盐的味觉反应，同时测量血压，约有十分之七的婴儿的祖父母中至少有1人患高血压。

他们发现，所有新生儿均能区分水和稀释盐水的味道，通过观察其吸吮乳头的强度和频率可以看出所有婴儿都不喜欢盐水，但有一些婴儿对盐水的讨厌程度差些，这部分婴儿的血压也稍高于其他婴儿。

在有高血压家族史的婴儿中该现象更为显著，其生后不久和生后1个月的血压比不喜欢盐水的婴儿高5～9点。同时观察婴儿对糖水的反应可发现，所有婴儿均喜欢糖水，但对糖水的反应与血压无关。这提示对盐的味觉反应与血压有关，与吸吮无关。

由此可知，宝贝对盐的“厚”爱可都是成人一手造成的。如果宝贝接触咸味的机会多，从6个月大的时候就会开始偏爱加了盐的粥，吃咸经验较少的宝贝爱吃咸的情形就不那么明显。糖也是如此。

假如我们从小只准孩子吃低盐与完全无糖的食物，并不会消灭他想吃咸与甜的欲望。不论早期味觉经验如何，幼小的宝贝总会喜欢吃甜味或咸味重一点的食物（幼儿的口味喜好其实比大多数成人重）。所以，一定不要以自己的口感来衡量宝贝的口味。

|指导小手册|

宝贝在成长阶段食盐摄入量标准

1. 出生 6 个月以内的宝贝，每天钠的摄入量不应超过200毫克，换算成食盐量就是0.5克，这包括其他食物中含有的钠。

2. 1 岁之前，宝贝每天的食盐量不应超过 1 克。

3. 1 ~6岁时，宝贝每天的食盐量不应超过 3 克。

4. 7~10岁时，宝贝每天的食盐量不应超过5克。

父母还应注意一个问题，实际生活中，许多孩子每天食盐量早已到了9~10克，这已是专家推荐量的3倍，因为他们会从零食中摄取盐。比如一包方便面的含盐量超过了4~6岁儿童一天可以摄入的最大值；一袋薯片的含盐量也经常会超过儿童每天食盐配额的四分之一。所以，如果无法挡住零食的脚步，那就记得让孩子多喝些白开水吧。

温馨提示

出生 6 个月以内的宝贝，只吃母乳、配方奶和适量的辅食就可以得到所需要的钠，基本不需要在辅食中添加额外的食盐。

有点苦

苦味，无论从口感抑或是情感层面讲，它都不讨人喜欢，因为它总是与痛苦关系密切。但是，积极向上的人却总能从中发现一些有益的东西。

从口感来说，苦味是一种警示，提醒你送到嘴里的东西很可疑，要谨慎对待；从情感而论，苦过了才懂得珍惜甜的来之不易……

如是感悟对一个小婴儿来说，根本就是将人生太过复杂化了。他对于苦滋味的感受很单纯——天生就不喜欢苦的味道！从本源上讲，婴儿天生抗拒苦味的原因可以追溯到人类漫长的进化史。自然界中，苦味通常是植物毒素里面所含的生物碱造成的，这些毒素是植物为了防止自己被吃掉而分泌出来的。在进化过程中，人类渐渐对这种苦涩的味道产生了本能的抗拒，因此即使是今天的婴儿也依然承袭了这份原始的本能。

当然，人间的苦味也是“多滋多味”的，宝贝们对苦味的感觉也会演变。婴儿刚出生就能辨识一些苦味，以后能辨识的种类与成分逐渐增多，到2岁大的时候，苦味感受便与成人接近了。

于是，许多成人聪明地利用这一点帮那个“小小探险家”绕过了许多危险区域。到底是怎么回事呢？

还记得两岁的宝贝们最常出现的一个行为是什么吗？“尝遍世界”！在那段能够直立且自由行走的岁月，随着活动范围的不断扩大，可见可遇的东西骤然丰富起来。好奇心驱使着他们四处探寻，不断“品尝”着可以放到嘴里的任何东西。大人们在为难之际，只有抓住这些小东西们的“七寸”，即拒苦之天性，才得以让其摆脱困境。他们为了预防小宝贝们去碰触那些有害物品，就在里面添加了一些苦味成分，这道“人工防火墙”还是很有效地阻止了这群小小“科学家”们的探索脚步。

当然，拒绝苦味虽是天性，但并不代表从此便让宝贝们不识“人间之苦”，要知道一些苦味食品对身体还是极为有益的。比如

苦瓜，就有消暑、清热、利尿、增进食欲、帮助消化等功效。

此外，如果不从小培养孩子对苦味的敏感性，会对其成年后的身体健康造成很大影响。

科学真相 Point

据美国新泽西州立大学戴夫教授调查50名40多岁女性的结果显示，不能很好地感知苦味的小组天生比较喜欢甜或油性的食物，体质量指数（BMI）比对苦味敏感的小组高7点，体脂肪度也高10%左右。

而通过对苦味敏感度与酒精摄取量的研究又发现，对苦味迟钝的人酒精摄取量会高于其他人。

不同的味道对人的生命活动有着不同信号的作用。但凡我们所知的味道，无论好坏，都要让孩子学着去分辨。因为各色味道均有其用，比如：

以蔗糖、葡萄糖为代表的甜味是补充热量的信号；

以盐酸、醋酸、柠檬酸等为代表的酸味是新陈代谢加速和食物变质的信号；

以钠盐为代表的金属性阳离子咸味是帮助保持体液平衡的信号；

以咖啡因、奎宁等生物碱为代表的苦味则是保护人体不受有害物质危害的信号；

以谷氨酸（味精）、肌苷酸（干金枪鱼味）、鸟苷酸（香菇味）为主的鲜味则是富含蛋白质以及核酸的信号。

吃奶时光

小宝贝从母乳中得到的岂止是味觉上的快乐，他还从中获得了许多身心的愉悦。所以，吃，对于宝贝而言，并不单纯是为了果腹哦！

妈妈的乳汁是什么味道呢？对于所有的成人而言，大约都是想象不出的。毕竟离那段吃奶的日子太过久远，当时的感觉早被封存在了记忆的最深处，几乎无从回味。可是，虽然那段时日在人生长河中只占了短短两年的时间，却几乎决定着我们一生的口味方向。

你我身边，总有人被盛赞为美食专家，他们可以从一盘简单的食物中品出若干华美味道，甚至连所用食材都可以一一道出。拥有如此敏感味觉的人被称为“超级味觉者”，大约每四个人中就有一个。他们的人生哲学是“吃顿好的，人生观都会改变”。当然，有敏感者存在的地方，也同样不会少了迟钝之人的身影，他们被称为“味盲者”，食物对其而言不过果腹而已。

究其根源，最早可以追溯到吃母乳的日子。

母亲的口味影响着乳汁的味道，而乳汁的味道又影响着宝贝的口味。这个看似有些绕的逻辑推理其实只是想告诉你一句话：母乳多变的味道对宝贝的味觉发展有着很重要的影响。

虽然处于吃奶阶段的宝贝还不能品尝任何固体食物，但是却能从母乳中体验各式味道，这种经验将左右他日后的口味喜好。此外，母乳喂养的母亲让宝贝借助乳汁体验各种味道，其实也是把食物是否安全可食的讯息传递给他，当其日后开始吃固体食物

时，不至于将食物当成毒物一拒千里，绝食到底！因为多数动物，包括人类都会本能地排斥自己从未品尝过的味道，因此这个母乳的味觉指导课程还是极为重要的。

科学真相 Point

有一项研究分别对4个月与6个月大的喂母乳与喂奶粉的婴儿，进行食物喜好的比较。结果发现，喂母乳的婴儿在第一次吃某些蔬菜（如豆泥或青豆荚）的时候比较能接受。原因可能是喂母乳的婴儿已经通过母亲的饮食熟悉了这些味道，也可能是由于味觉经验比较广而愿意接受从未接触过的食物。

另外，吃母乳的宝贝断奶后更愿意尝试不同食物，口味更加多样化，也就是说他们更喜欢经常地更换一下口味。这也很容易理解，母乳味道丰富多变，自然也扩展了宝贝的口味经验。知道世间味有千百样，又怎愿意天天只吃同一种？

实验证明，母亲摄取香草、薄荷、奶酪都可使乳汁味道改变。其他如各式辛香料等味道明显的东西，大概也有这种作用。

研究人员请来18位处在哺乳期的妇女，给每人服用一粒带有特殊味道的胶囊，有洋甘草味、葛缕子籽味、薄荷味和香蕉味等。2小时后，在服用洋甘草味和葛缕子籽味胶囊的妇女乳汁中，这两种味道相当明显。薄荷味胶囊则在服用6小时左右发挥作用。但是，香蕉味胶囊始终未对母乳味道造成影响。

丹麦哥本哈根大学的豪斯纳说："如果不能用母乳喂养，我建议母亲们尝试用不同厂商的多种牛奶喂养孩子，让孩子习惯不同的味道。"

一旦宝贝开始吃固体食物，味觉世界之门才真正打开。他虽然已从母乳中接触过不同的味道，但是同固体食物相比那真是微不足道的。那些吃到嘴里的真正食物的口感真叫他兴奋，尝到那些曾经从母乳经验中得到的味道，就像是赴了一场期待已久的约会一般，终于相逢、相知、相熟……这一过程，对那颗小小的心灵不知该是怎样一番喜悦与震撼呢！

婴幼儿在成长过程中是需要对其口味进行训练的，同时父母应该在训练中遵守多样化的原则。婴幼儿对味道非常敏感，所以最初的时候最好给他微甜、单一味道的食物，让他慢慢地识别这种味道。然后，再逐渐添加新的味道。等到他尝遍种种味道之后，我们可以将不同的味道结合起来，如萝卜、土豆、黄瓜和扁豆等不同食物的味道。如果他不喜欢某种味道，没有关系，先暂停，隔半个月后再给他。

另外，我们也要注意自己的态度。如果我们每一次都把他吃剩的胡萝卜扔到垃圾箱里，就很难让他爱上胡萝卜了，因为这一行为其实是在告诉他胡萝卜不好吃才扔掉的。应该怎么做呢？我们可以对他说："宝贝，胡萝卜很好吃的。"之后，我们再换上一副回味无穷的样子，细细地品尝那根胡萝卜。婴幼儿是很善于观察和模仿的，他会注意我们的表情和动作，并加以模仿。要知道，婴幼儿非常喜欢模仿妈妈，也就是说，如果我们总是皱着鼻子喝一种汤，那么还能指望孩子爱上它吗？

所以，如果希望孩子饮食多样化，就先从我们自己做起。

|指导小手册|

有实验证实，出生第2天的宝贝就有味觉能力，1个月以内能辨别香、甜、臭等不同味道。如果把甜甜的液体放入宝贝的嘴里，他们还会表现出很轻松愉快的样子，并满意地吸吮起来，但对咸、酸或苦味液体则做出皱鼻子、撅嘴和不规则的呼吸等拒绝性的反应。到4～5个月时，宝贝对食物的微小改变已很敏感。而6个月到1岁的时候，宝贝的味觉发展进入了最灵敏的时期。

因此，妈妈们可依据宝贝味觉的发展特点，适当地帮其促进味觉发育。

1. 及时添加辅食

在宝贝1个半月时可适当地给他喂些橘子汁，3个月左右可以用筷子蘸各种菜汤让宝贝尝尝味儿。

2. 不断变化食品

如果用奶粉喂养，则每3～5个月就应更换一种奶粉，避免长期使用单一口味的奶粉，导致宝贝的味觉变得迟钝。这些不断变换的食品可以给予宝贝充分的味觉刺激，对其味觉能力的发展起到促进作用。6个月以后，可以给宝贝尝一尝甜、酸、咸、苦等味道，同时，可有目的地鼓励他去品尝不同的味道，并在训练的过程中用一定的语言进行强化，比如问宝贝“酸不酸”，让其把味道与名称联系起来，以此提高语言理解力。

3. 断奶期的味觉体验

要使宝贝的味觉得到良好发育，断奶期的味觉体验不可小觑。由于宝贝的味觉、嗅觉在6个月到1岁这一阶段最灵敏，因此也正是添加辅食的最佳时机。如果在这个感受性较强的时期，宝贝有了对各种食物的品尝体验，他便会拥有广泛的味觉，以后就会乐于接受各种食物。所谓“踏雪留痕”，在味觉神经存储器中一旦留下了某种味道的记忆，它就会永远存在下去。假如我们给他的食物比较单一，宝贝的味觉发育就可能不够发达，导致以后接受食物的范围也会比较狭窄，而且不那么愿意接受他从未体验过的食物及其味道。

Part 4 聆听世界

听觉与其他感官一样，同样是婴幼儿探索世界、认识世界、从外界获取信息所不可缺少的重要媒介。我们之所以能说会唱，能更好地认识、感受、领悟这个世界，跟听觉密不可分。

世界最初的倾听者

隔着那层水，小胎儿听到的是一个与我们迥然不同的世界。于是，他努力侧耳倾听，希望能够记住一些什么……

外面的世界有点吵

闭目想象，耳边水声潺潺，不远处咚咚声隐隐约约，偶尔还夹杂一些奇怪的咕噜声。知道这是怎样的状态吗？这便是一个20周左右的胎儿的听觉世界。虽然他的耳朵里充满了阻碍声音脉冲传导的液体，但他还是能听到许多奇特的声音。比如妈妈血管里血液流动的声音，吃东西时的吞咽声，消化时肠胃的叽里咕噜声，以及心脏在不远处的跳动声。肚子外面的声音经过腹壁和羊水的层层过滤传递进来，同里面的声音叠加成一段合奏曲，每时每刻都回响在胎儿的耳侧。在子宫里，除了全天候能听到声音外，胎儿还几乎每时每刻都处在动荡中，即使妈妈睡着不动了，小家伙也依旧会随着妈妈的呼吸与脉搏而有节奏地轻轻晃动着。当然，如果妈妈在走路或者在做一些肢体运动，那宝宝就更像是坐在摇晃的秋千上了。

科学真相 | Point

曾有科学家将微型麦克风送入孕妇子宫内，以测量子宫内的声音状况。结果表明，子宫内的平均音量为85分贝。这样的音量已不是一般的吵闹了，真有如身处交通繁忙的公路一般。尽管声音需要穿过羊水才能传递到胎儿的耳中，但其音量依然能达到60～75分贝，这也相当于普通谈话或者吸尘器工作时的音量。由此可见，子宫中的胎儿大部分时间都被“噪音”包围着。

所以，如果你认为子宫里一片静谧，恐怕大错特错了。

聆听，从6个月开始

久居城市的人大都无奈于一件事——喧闹之声不绝于耳！纵使到了深夜，依然能听到窗外汽车的轰鸣声。出了门，想打个电话都轻易找不到个清静的地方，于是你也高声，我也高声。闭上眼，你会发现身边充溢着分不清、辨不明的嘈杂之声。工业文明给人的生活带来了诸多的便捷，同时也让人离自然越来越远。似乎从蒸汽机诞生的那天起，草丛中的虫鸣，河边的蛙叫，春天和煦的阳光，夏季葱茏的草木，秋天金黄的落叶……所有那些自然之声、自然之物似乎从我们耳边消失了。听，成了一种不堪与无奈。然而，谁也不会去细想，我们获得这听的能力的过程曾是如何的不易与漫长……

为了能及早听到，当宝宝还是个8周大的胎儿时，神经系统就已初步形成，听觉神经开始发育。到第6个月时，就已经努力为自己构建好了一双基本能听到声音的耳朵（从外耳到内耳）。等到8个月后，虽然宝贝还只是个小小的胎儿，却已能够听到，甚至还可以对音调以及音量的变化做出反应。

可是，尽管如此，却依然听不真切，听不完整，因为并不是每一种声音在穿越母亲腹部之后都能让一个尚在发育中的胎儿听到，听是有选择、有限制的。通常，低频率音调的效果要好过高频率，正如隔壁邻居开舞会时，穿过墙壁传过来的声音一般都是沉重的鼓声，想要真切地听清某首乐曲的旋律却是不易。这种体验便是胎儿在子宫里的听觉处境。此外，妈妈的声音在胎儿听来是最清晰的，因为胎宝贝身在妈妈腹中，当妈妈说话时，声音从气管传导到肺部，再由肌肉、骨骼等传导到子宫，如此近距离倾听，其声自然是大音量了。而且胎宝贝通过羊水听到的声音，与在体外听到的声音是存在很大差异的，也就是说，胎宝贝出生前后所听到的母亲的说话声，从“音质”上讲是不同的。

尽管如此，婴儿在出生几小时之后，就能够立刻分辨出自己妈妈的声音。因为，虽然“音质”不同，但宝贝对母亲的说话方式、特征早已了如指掌。

指导小手册

1. 创设温馨、柔和的倾听氛围

因为胎宝贝能听，所以才有了“胎教”一说。一些医院每周都要组织孕妇进行一次与听力有关的胎教活动，让孕妈妈们完全融入音乐。回家后，除了听音乐外，还可以一边做事，一边与胎宝贝交谈，告诉他你正在做什么。甚至夫妻间的亲切交谈，都能令胎宝贝身心愉悦。此外，那自然界的风声、水流声音、鸟鸣声等，更让胎宝贝暗喜不已。

2. 慎听胎教磁带

随着胎教理念的盛行，胎教磁带也开始深受欢迎。很多准妈妈刚得知怀孕，即刻就买回胎教磁带，通过特制的小传声器，放给腹中的胎宝贝听。然而，此做法几乎等同于拔苗助长。

通常，孕龄4个月以后的胎宝贝内耳和外耳基本形成，但功能较弱，特别是内耳的基底膜是由一条纤维组成的膜，这个膜越靠近耳蜗的底部越短。基底膜靠近蜗底的这一部分短纤维极易破坏。如果孕妈妈把传声器直接放在腹部，声波直接进入体内，由于距离太近，高频音没有损耗，会对胎宝贝的听觉器官产生强烈的刺激乃至导致严重后果。所以，一定要记得“谨慎”二字！

故事，从胎儿时听起

虽然你从未听到过宝贝的声音，宝贝却一直在听着你。早在出世之前，宝贝就一直在倾听你心跳的节奏，还有血液流过全身的声音。宝贝能辨认出你在说话，因为这声音再熟悉不过了。你的声音让宝贝感到很舒服。宝贝会特别留意人类的声音，因为人类是他们的看护者。如果有熟悉的声音在身旁逗他们，他们会觉得很开心。比起其他声音，宝宝更喜爱人类的讲话声，而比起低音的男声则更喜爱高音的女声。

既然胎宝贝能听，听见的声音也不少，那么听觉刺激已开始影响脑部语言区的发展了。而且，一个更为重要的信息是，胎宝贝出生前不但会听，而且能记得听过的声音，记得环境中熟悉的声音。这与记得熟悉的气息和味道有着相似的作用，都有助于安抚刚诞生在新环境里的宝贝。

科学真相 | Point

曾有科学家通过实验证明，胎儿能够听到并且记住母亲的声音，出生后能辨别自己母亲的声音。

2003年，加拿大皇后大学的凯斯莱富斯基博士等人进行了一项实验，他们找到30名怀孕8个月的孕妇，让这些孕妇每天大声朗读同一篇童话，并坚持5～6周时间。等这些孕妇生产后，在产后的第三天，再让母亲和其他女性为宝贝朗读同一篇童话，结果宝贝显然对自己母亲的声音更感兴趣。这就是说，胎宝贝已经记住了母亲声音的特征以及朗读那篇故事时的音韵。因为，宝贝出生后，妈妈用哼唱的方式唱出那篇童话时，竟然也引起了宝贝的兴趣，其反应和听朗读童话时完全一样。

除了母亲的声音，新生的宝贝还认得出许多他曾在腹中听

过的声音，比如妈妈的心跳声。如果把正在哭泣的新生宝贝放在妈妈的胸前，除了那熟悉的味道可以安慰他外，“怦怦”的心跳声也同样具有抚慰的作用。在一项研究中，研究人员曾把催孩子入眠的3种声响：单调的声响、心跳和催眠曲作了比较，结果发现，心跳声具有更大的镇静作用（索尔克，1961），因为他从这熟悉的声音中获了一种安全感。

所以抱宝贝时最好采用左手抱的姿势，让他尽量靠近妈妈的心脏，以便清晰地听到那心跳声，这是他最爱听并最熟悉的声音。

科学真相 Point

美国医生地卡斯泊以出色的独创精神发明了一种装置，可以证明新生宝贝对声音喜好的奥秘。实验是这样进行的，12个刚刚降生1～2天的婴儿，当他们快速吸吮时能听到母亲的声音，吸吮速度减慢时则能听到父亲的声音，结果有11个新生儿快速地吸吮。为了保证这不是因为小宝贝喜欢快速度吸吮，他们又做了相反的实验，即吸吮速度减慢时能听到母亲的声音，结果他们又很快学会了使吸吮速度减慢的技巧。这就证明他们更喜欢听到母亲的声音。

用同样的实验方法还发现，新生儿喜欢听母亲的声音超过听其他人的声音，因为他们在胎儿期听惯了母亲的声音。但是，新生儿早期不能分辨自己的和他人的父亲的声音，这可能是由于在正常会话时，男人声调低，通过子宫壁后不易区别的缘故。

知道了这一点，做爸爸的也不要太沮丧，如果能在宝贝出生前一两个月里，每天坚持隔着妈妈的肚子和宝贝说一会儿话，或许他一出世能立马认得你呢!

同样，从妊娠后期到生产的这段时间内，如果胎宝贝听过某段乐曲，那么出生后到1岁左右时，他们还会记得这首曲子。

我们经常听到有人说：“莫扎特等音乐大师的古典音乐最适合胎教。”可是，至今我们还未找到能够证明这一说法的有力证据。而且，有科学家通过研究发现，古典音乐以外的其他音乐同样可以提高胎儿大脑的活力，特别是提高侧脑叶的活力。所以，对于音乐，孕妈妈大可不必非得逼着自己去受那古典音乐的“折磨”。如果不喜欢，就换一些柔缓的轻音乐来听一听，效果也是一样的。

但是，一定要注意音量不可过大，而且，那些喜欢刺激的摇滚乐的妈妈们恐怕得暂时换换自己的音乐口味了。

噪音：听力的无影杀手

别以为胎宝贝住在厚实的子宫中，就能躲过噪音的侵害。其实，人类最易受噪音伤害的时期是从怀孕6个月的时候开始，到出生后的头几个月止。这也是早产儿的听力更容易受到噪音伤害的原因之一。

由于早产，尚处于听力发育关键时期的宝贝因为少了母亲身体这层保护，脆弱的听觉器官过早地承担起了阻挡噪音的重任，那结果也就可想而知了。

对早产的宝贝来说，噪音的主要来源就是那个有嗡嗡电流声的保温箱，还有新生儿加护病房里的各种嘈杂之声。虽然许多其他因素也可能导致失聪，但早产儿自身能力的缺失，以及加护病房里的噪音干扰仍是最主要的原因。

另外，在母亲的子宫内也未必就能安枕无忧地躲过噪音侵扰。有证据显示，暴露在高量噪音之下的胎宝贝，发生永久性听力损伤的比例高于通常的标准。研究者曾经为怀孕期在噪音环境（如纺织厂）工作的妇女所生的6～10岁儿童进行了听力测验，结果发现，胎儿期噪音暴露愈严重的，听力受损的几率愈大。

听觉发育的真相

对小宝贝而言，听，不是一成不变的事情，各种声音随着他的成长也开始变得不再一样。由近及远，由模糊到清晰，要想了解一个完整的世界，他还需要一段时日。

听，声从何处来

虽说子宫中的日子也并不安静，但与外界相比，却平静许多。因此，初来世界的新生宝贝对充斥在自己周围的说话声、门响声等都极为不适应。没有了妈妈腹壁的过滤，一切声音都能直接冲入耳朵，令他心烦不已。可是，等到晚上，那连掉根针都能听到的静谧，同样让他感觉怪异。妈妈肚子里那曾经时时传来的心跳声、脉动声、呼吸声再也听不到了。置身于如此寂寞的长夜中，宝贝多少感觉有些害怕，曾经腹中那些流淌不止的声音，均匀而有节奏，对他而言是一种安慰和难得的安全感。虽然现在离开妈妈的身体已有段时间了，但由于出生不久，所以宝贝的听觉和视觉还保留着胎内的印象。因此，为了能让他有故地重游的感觉，不妨让其躺在妈妈或爸爸的肚子上睡觉，这样他可以重新感受那心跳的声音和呼吸带来的轻微颤动，这是宝贝最好的催眠小夜曲。

如此说来，宝贝对声音很敏感了？其实也不是！对这个刚刚来到尘世间的宝贝而言，听到是一回事，听清则又是另一回事。

虽然他的小耳根子在出生前从未清静过，可也并不代表他一出生就是个“顺风耳”。要知道他的听觉系统还未发育成熟，对声音的反应还极为迟钝，轻微的声音于他几乎可以不用划入听力范围，听力的门槛要比成人高出40～50分贝。尽管如此，新生的宝贝还是能够顺着声音找出声源的所在，比如在他耳边摇一摇小铃，他会立刻转头或望向声音来源的方位。不过略有遗憾的是，在最初的3个月里，宝贝虽然能够闻声而动，但也只是敏感于左右侧的声源，对于来自头上方或下方的声音反应就不那么明显了。当然，这个局限不会困扰宝贝太久，等他长到4个月大之后，听，无论哪个方位都将不再是问题！

如果闲来无事，想测测宝贝对声音的反应是否真的是“先左右，后上下”的话，那么你就可以对宝贝做个小小的听觉定向测试。

用小摇铃在距宝贝右耳10～15厘米的地方轻轻摇动，就会发现宝贝像个声讯雷达一般，先警觉地竖起小耳朵，然后转动一下眼睛，接着再转过头朝向声源方向。有时他还会用那还不太灵光的小眼睛去找一找小摇铃，好像在想：是这个东西在发出好听的声音吗？如果将宝贝的头摆正后，在其左耳旁再次轻摇小摇铃，他的头和眼又会准确无误地转向左方，别小看宝贝的这个先听后转头寻找的系列动作，这充分说明眼睛和耳朵两种感受器内部已由神经系统连接在了一起，这种连接可以让新生的宝贝尽可能完整地感受外来的刺激，更好地适应环境。而且，从另一个角度讲，这也是智力活动的一个大进步。

还有哦，在游戏时得记住，摇铃的声音要稍微长一些，因为新生宝贝的那一对听觉机器运作起来还比较缓慢，对声音的处理过程基本属于慢动作。因此，如果想和宝贝玩，就请多摇几下，即使胳膊酸了也要坚持一下。这个“寻声觅物”的小游戏，宝贝可以耐心地玩很久。

等到他感到厌烦时，头不但不会转向声源，还会转向相反方向，甚至用哭来表示拒绝这个没完没了的游戏。

科学真相 Point

脊椎动物很早就进化出了确认声源方位的能力，显然是因为这是求生存的重要条件（可以察觉掠食者的动静）。对人类婴儿而言，则是为了便于找到照顾者，并且听清楚照顾者说的话。

指导小手册

为了让宝贝拥有敏锐的听觉，爸爸妈妈可以多和他们玩以下听觉游戏。

新生儿时

逗引发声：利用宝贝喜欢人声的特点，逗引他多做发声练习。要知道宝贝快乐的情绪是发音的动力，所以在逗他的时候一定要记得用温柔的语调发出各种单音，如啊、哦等。注意要让宝宝看到你的口型，久而久之会刺激他进行模仿。

生活环境：要给新生儿一个有声的环境，家人的正常活动会产生各种声音，如走路声、关开门声、水声、刷洗声、扫地声、说话声等；室外也能传来许多声音，如车声、人声等。这些声音都会给新生儿的听觉带来刺激，促进其听觉发育。

有意训练：由于宝贝在听觉上已具有一定的辨别方向的能力，父母可在他身旁不同方向用说话的声音、玩具的声音逗他转头寻找。并经常给他播放优美动听的音乐，时间在15分钟以内。

1～2岁时

有意训练：由于此时的宝贝已经能够开始注意突发的连续声，所以可以有意识地多引导他听些连续的声音，比如电话铃声、吸尘器的声音、水滴到盆里的声音等，边听边告诉他那是什么声音，在提高听觉分辨力的同时加强感性认知。

声音积累：可以把宝贝不同阶段的咿呀声录下来让他对比着

听，宝贝是很喜欢倾听自己的声音的，这能使他更愿意发音，而且你也能从中发现这些声音里蕴含着宝贝对节奏和旋律的感觉。

2～3岁时

有意训练：一起听听车鸣人喧、鸟语虫吟以及那些微小而被忽略的声响（如表针声），说说你听到的声音，帮他扩大听的范围。这种有意识的倾听可以帮助宝贝提高他的听觉敏感性。

听音找错：如果宝贝倾听质量差，多半是因为他缺乏足够的注意力。因此爸爸妈妈们不妨时常和他玩些听音找错的小游戏，比如故意说“小鱼天上飞，鸟儿河里游”，让他找错。能帮助大人纠正语言错误会使宝贝变得格外高兴，而且，这个游戏还能帮助宝贝培养思考力，并促进他倾听习惯的形成。

听音辨豆：给宝贝喜欢的东西时多为他设个小障碍，如把他爱吃的糖豆放在不同的器皿内，摇一摇，对他说：记住各器物的发声，猜对了才能吃。这样得到锻炼的不仅是听觉，还能增强宝贝的记忆力呢。

听力损伤及检测

冬听风过，夏听雨落，春听鸟鸣，秋听叶飘。一日一日，我们的耳边喧嚣不止，几乎忘记运用这双耳朵去好好倾听这些天籁之音。其实，上天赐予我们听力就是为了让我们更好地去感受这个世界，可惜很多时候它被遗弃一旁。如果有一天，听力突然丧失，会是怎样的情景？你知道我们的听力获得是多么不容易吗？你知道，在我们成长的初期，稍有不慎都会使我们丧失听力、失去倾听世界的机会吗？更重要的是，没有听就没有语言；没有语言就没有交流；没有交流就没有一切……容易导致宝贝们出现听觉损伤的原因都有哪些？

1.疾病。由于宝贝的身体抵抗力较弱，呼吸道尤其容易受到感染，每逢此时细菌就会趁机侵入中耳，引起中耳炎。此时中耳会因为充水而使声音的进入受到阻隔，听力自然会因此暂时受到影响。如果细菌破坏了中耳的构造，听力还有可能永久受损。此外，某些病毒感染也会影响听力，如腮腺炎、麻疹、百日咳等。细菌引起的脑膜炎、先天畸形等也可能损伤听力。

2.药物及化学物。我们都知道，给婴幼儿吃药是需要相当谨慎的，因为某些药物也会影响听力，比如氨基糖苷类抗生素、奎宁、水杨酸等，它们对听力的伤害与使用的剂量及时间长短有关。另外，某些工业溶剂也会对听力造成伤害。

3.外伤。头部外伤可能伤及耳膜、小听骨及内耳神经。

4.噪音。噪音原本就是损害成人听力的主要原因。对宝贝来说，给他听的音乐声音过大、时间过长，也会变为噪音，从而使其听力严重受损。

其他原因：家庭听障疾病史；围产期感染，包括宫内感染及新生儿期感染；新生儿期胆红素脑病及高胆红素血症；围产期缺血缺氧性疾病；低体重儿及早产儿（噪音引起的听觉损伤最易发生在早产儿身上）；出生时窒息、感染；住过新生儿加护病房；以及产伤、糖尿病以及母亲低血糖、母亲甲状腺功能低下等。

但是，别以为有了上面这些资讯，就可以轻易地发现初生宝贝的听力是否有问题。下面这个例子也许更有警示作用：

小姑娘乌珍出生时看起来真是既健康又漂亮，医生给她做了身体检查后宣布她一切OK。不但如此，乌珍还是个特别乖巧的孩子，很少哭闹，总像个微笑天使，让爸爸妈妈疼爱至极。闲来无事时，她还常常啊啊地哼唱些“小调儿”逗大家开心。

就因为她太乖了，所以拖了很久之后，爸爸妈妈才发现女儿几乎是全聋。起初妈妈曾注

意到，乌珍每次入睡时一点都不用操心，只要轻轻拍一会，就能呼呼入睡。把她抱在怀里，对她说话、唱歌，她还好像听得很专注，漂亮的大眼睛眨都不眨一下地盯着你看。因此，爸爸妈妈都没太在意。

可是，当乌珍长到一岁大时，夫妇俩开始觉得女儿不对劲了，别的孩子这么大时都已“妈妈、爸爸”叫个不停了，可是乌珍反而是愈大愈沉默，啊啊自语的时候也一天比一天少。等到她快2岁的时候，仍是一语不发。她一定有问题！夫妇俩最终确信了这一点。他们急忙带着女儿去做听力检测。果然，乌珍的左耳全聋，右耳只能听到很微小的声音……

现在明白了吧，对小婴儿来说，听觉有没有问题，时间与细心是个关键因素。所以如果可以的话，所有的宝贝都应该在3个月大时就去做听力损伤的筛检。

否则，单凭感觉去观察的话，一般都得等到宝贝2岁以后才能明显看出来是不是有听障。但是，宝贝的脑力发展却是日夜不息的，这其中必须要有听觉的参与才能完美进行，如果这么长时间都听不到声音的话，语言学习也就无从谈起。这种损失对于宝贝的社会互动、情绪健康和智力进步都有严重影响。

如果说生理上的疾病使我们防不胜防，那么在外部生活环境方面，我们至少能为宝贝做些“肃清”工作，比如：如果家中有音响设备，一定不要离宝贝睡觉的地方太近，否则那音乐对其而言就变成了噪音；播放音乐时，最适宜的音量范围是40～60分贝，而且不要同时打开电视，否则背景音太杂，会减弱宝贝的辨音能力；给1岁以内的宝贝听音乐的时间不宜太长，每天15分钟左右即可；不要让宝贝拿着手机听音乐，因为手机的音质尖锐刺耳，对听觉器官危害极大。

对宝贝而言，声音一旦超过90分贝，就有可能对其造成永久

性的听力损伤。所以，请记住以下各类声音的分贝：

轻声耳语约20分贝；一般家居声响约40分贝；正常交谈声约60分贝；车辆往来、电话铃声约80分贝；地铁列车、电动割草机约100分贝；小喇叭约90～110分贝；挤压玩具约110分贝；闪着灯、会唱歌和跑动的电动玩具约130分贝。

你看，这些可爱的玩具其实一点都不友善，相反还是宝贝的听觉“杀手”呢。

|指导小手册|

听力障碍早发现

如果宝贝出现下列情况，妈妈们可要特别当心了：

1～3个月的宝贝，你在他耳边大声拍手，他没有任何反应；或者宝贝睡着时，不能被较大的声音惊醒。

8～12个月的宝贝，听到熟悉的声音却很少转头寻找，或者听到说话声也很少去模仿。

1岁半的宝贝，对于一些很容易发音的字都掌握不好，比如“妈”、“爸”；或者你让他做那些曾经教过的动作，他一直学不会。

2岁的宝贝，在不用眼睛看的情况下，就不能按照你说出的一些简单要求去做动作。

温馨提示

如果怀疑宝贝有听力问题，一定要尽快去医院或专门的听力机构做专业的听力检查，以便及早干预。

“妈妈腔”的科学经

拖着长长的音，轻柔地哄着怀中的宝贝入睡，这个亘古不变的情景到今天有了新的解释。我们为什么要那样做？宝贝为什么会很喜欢？这将不再是个谜！

从宝贝的大脑发育进程来讲，他从出生到半岁期间的辨听能力还处于重听状态，就是说他在听觉方面的表现就像个上了年纪的老爷爷一般，还无法完整地听清楚别人的说话声。其实这对宝贝而言也并不是一件坏事情，毕竟他要熟悉的新声音太多了，而大脑的容纳空间还极为有限，如果一下子就把耳朵的大门全部打开，那声音岂不是会像浪潮一样将宝贝淹没？所以，大自然的安排是十分合理的，它让新生的宝贝大部分时间都处于睡眠状态，而不被较多的环境声干扰，未尝不是一种保护性的生理机制。

宝贝的大脑工程可没敢闲着，它正在日夜不息地施工，随着它持续发展的脚步，那双小耳朵将会变得越来越敏锐。不过，无论如何期盼，在7岁之前，宝贝的听阈将会一直比成人高约10分贝。正是因为宝贝的这一生理特点，所以我们在和他说话时，需要注意两点：

1. 提高声调

由于新生宝贝的听觉器官还未发育成熟，听力门槛比成人高出40～50分贝，对于很轻的声音其感应度会稍显“迟钝”，就好像我们带着一副耳机去听外界的声音一般。这就是说，当我们和一个小婴儿说话时，必须声音大一些才能引起他的注意。不过，这样的时间也不会太久，到宝贝两个月的时候情况就会好转。

另外，和新生的宝宝沟通时，还要记得尽量靠近他的脸说话（因为他目前还是高度近视眼，只有靠近一些才能让他看清楚我们的嘴和面部的表情）。

不过好在妈妈们似乎都能凭着本能就知道新生宝贝是个听力不佳的小人儿，因此，与他们说话时都会不自觉地提高音量，并且靠近宝贝的脸去说

话。这大约就是天性使然吧。

2. 拉长语调

新生宝贝的神经系统在处理听觉讯息的时候运转较慢，所需时间相当于成人的两倍，这就是“妈妈腔”极受宝贝欢迎的原因。缓缓慢慢、不慌不忙的节奏对婴宝贝来说真是再合适不过了，一字一顿的语速使宝贝有了充分的辨音时间。所以，一直以来妈妈们都知道和宝贝说话时，必须用字简单，声调最好像吟咏一般，这样宝贝才能毫不费力地分辨出构成语句的各个部分。

科学真相 | Point

一位语言学家研究发现，父母亲们似乎都会很本能地提高音调和新生儿进行第一次谈话。这种高声调几乎是世界性的现象。研究证明，6个不同国家的母亲，不管她们的本国语言是什么，在和新生儿交谈时，都使用同样的声调、无意义的音节和短语。

指导小手册

胎儿期宝贝听觉发育标准

从怀孕第8周开始，胚胎的神经系统就已初步形成，听觉神经开始发育。到了5～7个月时胎儿的听觉完全形成，能分辨出各种声音，并随着声音在母体内做出相应的反应。8个月以后，能分辨出声音强弱的神经也已经形成。胎宝贝讨厌的声音是高音，喜欢的是妈妈体内心跳与血液流动的声音，以及妈妈温柔的话语声和自然界的声音。

该阶段宝贝听觉发育促进法：

1. 听悦耳的音乐。当胎宝贝具备初步听觉后，就可以给他听一些曲调优美、舒缓、悦耳的音乐，以促进听觉神经发展。

2. 倾听自然之声。天气晴朗的日子，多带胎宝贝去公园散散步。闭上眼，仔细听听自然界各种动听的声音。

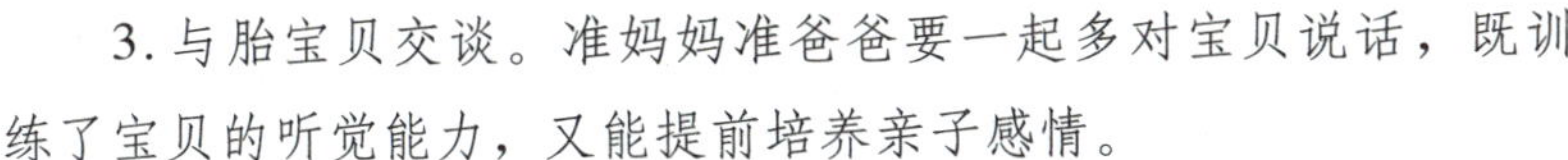

3. 与胎宝贝交谈。准妈妈准爸爸要一起多对宝贝说话，既训练了宝贝的听觉能力，又能提前培养亲子感情。

0～1个月宝贝听觉发育标准

听到突发声响后会突然惊跳、紧闭眼睑、两臂屈曲抱在胸前、四肢抖动，并产生眨眼、觉醒等生理反射；觉醒状态下听到声音后，会转动眼和头去寻找声源；听到友善或熟悉的声音会停止哭泣；听见高音调的声音和妈妈的声音，会有表情反应。

该阶段宝贝听觉发育促进方案：

1. 让宝贝的周围充满声音。家人的正常活动会产生各种声音，如走路声、开或关门声、水声、刷洗声、扫地声、说话声等；室外也能传来许多声音，如车声、风声等。这些声音都会刺激新生儿的听觉系统，促进听觉发育。

2. 让宝贝听到妈妈的心跳声。抱宝贝时最好采用左手抱的姿势，让他尽量靠近妈妈的心脏，以使其听得更清晰，这可是他最爱听并熟悉的声音呢。

2～3个月宝贝听觉发育标准

静卧睁眼时，若听到突然的声音会闭上眼睑；在哭闹或手脚活动时，听到突然的声音会停止哭闹或终止活动；在宝贝近处发出声音，如摇铃铛，有时会缓缓转过脸；每当听见柔和悦耳的音乐，会面露笑容并安静地倾听；睡眠中突然听到尖叫或刺耳的音乐，如摇滚乐、吹打乐等，会表现出全身扭动、手足摇动等烦躁不安的样子；当成人用语言引逗，或周围环境出现喧闹声、喷嚏声、闹钟声等时，会发出“哦”、“啊”、“呜”等应答或笑声。

该阶段宝贝听觉发育促进方案：

1. 多和宝贝说话。虽然此时说话还不是宝贝的特长，但是成人那充满温馨的话语，却能使宝贝感受到初步的情感交流，因此，这样坚持下去，宝贝的说话愿望会变得更强烈。

2. 为宝贝放音乐。音乐要选优美、轻柔、明快的。中外古典音乐、现代轻音乐和描写儿童生活的音乐，都是训练宝贝听觉能力的好教材。但是，一定要清楚，如果播放时间太长，很容易引起宝贝的听觉疲劳。此外，播放时可以先将音量调到最小，然后逐渐增大音量，直到比正常说话的音量稍大一点儿即可。这样可以让宝贝学会辨别不同的音质及音量，使听觉更敏锐。

3. 床头上的玩具。可以在宝贝的小床上系些不同音质或音调的发声玩具，刺激听觉细胞，促进听觉发育。注意要经常变换玩具位置，让宝贝获得多方位的感受。

4. 寻找铃声。用摇铃轻轻在宝贝的一侧摇动，宝贝听到声音后会去转头寻找；然后再在宝贝的另一侧摇动，宝贝会继续寻找。这样既刺激了听觉系统，又能让颈部肌肉获得锻炼。

4～5个月宝贝听觉发育标准

对听到的声音有定向能力。比如在宝贝一侧耳后大约15厘米处摇铃，如果宝贝听到了，会转过头向发声的方向寻找声源。已经感知并习惯了外界的声音，对隔壁房间传来的声音、室外动物的叫声或其他响亮的声音，能主动寻找声源。开始能辨别妈妈的声音。和他说话时，他会用眼睛注视你，或专注于听你的声音而停止其他动作，头转向声源，表现出对熟悉声音的感知能力。

该阶段宝贝听觉发育促进方案：

1. 玩具与训练。可在宝贝耳边轻轻摇动玩具，发出悦耳声响，引导宝贝转头寻找声源。当宝贝熟悉了这种游戏后，可以更换不同的玩具，让宝贝去倾听不同的音质和音量。

2. 悬挂风铃。在家里挂串风铃，当风吹动风铃时，不仅声音悦耳，很讨宝贝喜欢，而且这种不定时发出的声音可以经常萦绕在宝贝的耳边，即使爸妈忙得顾不上理会小家伙，它也能帮助刺激宝贝的听觉系统。

3. 嘴巴乐器。故意发出一些怪诞的声音逗逗宝贝，要知道宝贝极喜欢也很容易被这些奇怪的声音及动作所吸引。在这个过程中，可以提前把“a”、“o”、“e”等字母音示范给宝贝，为他接下来学习发音奠定基础。

4.听自己的声音。把宝贝平日发出的各种声音录下来，哭声、叫声、笑声……在宝贝心情愉快时放给他听，他会因为感兴趣而听得更专注。

6～7个月宝贝听觉发育标准

宝宝能主动向声源方向转头，也就是有了辨别声音方向的能力。叫宝贝的名字时，他会转向呼叫人，并做出友好的表情，以示回答；对宝贝说话、唱歌时，他能静静地看着你，注视你的口型，有时还发出声音来“回答”；当电视、广播开启时，宝贝能灵敏地转向声源。

该阶段宝贝听觉发育促进方案：

1.倾听落地声。听到的声音越丰富，宝贝的听觉辨识能力越敏锐。比如找一些摔不碎的东西，球、塑料盒、书本、笔、罐头、木盒、纸盒等，把它们一一扔在地上，给宝贝听各种物体落地的声音，宝贝可以从中感知不同质地与不同声音间的关系。

2.自制“听觉瓶”。在空瓶里装上不同的东西，诸如水、豆类等，然后轻轻摇动瓶子，让宝贝倾听这些不同的声音。

3.拍拍手。可以先示范拍拍手给宝贝看，让他听一听，然后模仿你；熟悉后，可以变换拍手的节奏，时快时慢，看宝贝能否感受出它们的不同；或者一直连续拍手后忽然停止，看宝贝的反应。

8～9个月宝贝听觉发育标准

能理解简单的语言，并在成人的指导下用动作表示一定的意思，如点头表示“谢谢”，挥手表示“再见”；对外界的各种声音表示关心，如车声、雷声、犬吠声；会模仿动物的叫声，并发出笑声；情绪好的时候会主动发出声音，并模仿成人教给他的声音；当听到“不行”“不能”等斥责声时，会把伸出的手缩回或哭泣；将微弱声源靠近宝贝耳朵时，宝贝能转头寻找声源；听到一种声音突然变换成另一种声音时，能立刻表示关注。

该阶段宝贝听觉发育促进方案：

1. 寻找声音。将宝贝熟悉的一个音乐玩具藏在某处，然后让其自己去找，看他能否在音乐停止前找到。在寻找的过程中，既锻炼了辨音能力，又培养了空间方向感。

2. 乐器演奏。给宝贝准备一些简单的乐器，如铃鼓、响板、腕铃等，放音乐，让宝贝拿着乐器伴着音乐摇动；也可让宝贝用乐器模仿妈妈发出的相同节奏，如响板或铃鼓，妈妈敲一下，让宝贝跟着敲一下，妈妈敲两下，宝贝跟着敲两下。

10～12个月宝贝听觉发育标准

听到隔壁房间有声音时，能惊异地歪着头倾听；宝宝能按听到的语言做出反应，当问到“鼻子”、“眼睛”、“嘴巴”在哪儿时，会用小手指出来；开始了语言学习；能跟随音乐摆手；能寻找视野以外的声音；能模仿大人的发音，如“妈妈”、“爸爸”、“宝贝”等；悄悄接近宝贝，轻声叫他名字时，宝贝会转头寻找声源；在听到“把××给我”时，能把某物拿过来；听到“××在哪儿”时，会用目光寻找某物。

该阶段宝贝听觉发育促进方案：

1. 分辨人声。此时宝贝应该可以分辨父母及家里其他人的脚步声和说话声了。当门外有脚步声响起时，就和宝贝一起玩个“猜猜他是谁”的游戏吧。

2. 听动物声。准备各种动物的卡片，成人学各种动物的叫声，让宝贝指一指那是什么动物的叫声。

3. 牙牙学语。根据宝贝的语言发展情况，重复简单的叠句、儿歌或奇怪的声音，让宝贝认真观察父母的口型，然后发出同样的声音。

Part 5

看的艺术

视觉不仅是婴幼儿认知世界的加速器，还是宝宝运动能力的协助者。它是婴儿萌发最迟的一项感觉，但是一旦萌发，发展却最为迅猛。在其发展变化中，到底需要怎样的指导呢？

视觉的版图与发展

宝宝的脑区中，划给视觉使用的版图，比其他各种感觉区加起来的总和还要大，你知道是为什么吗？

胎儿的视觉起步点在哪里

不管这个世界有多美丽，我们都得仰仗着一双明亮的眼睛去观察获得。表面看来，“看”似乎是件极为简单的事情——我们看出去，就算看的是完全陌生的景物，也马上就知道自己看见了什么，呈现景物的速度之快，几乎不能以时间来衡量。但是，这个过程的繁复性却不可以一言以蔽之。每看一物，视觉器官就会像个超级计算机一样，在大脑中高速运转之后，才能让我们最终看见。这一切，看似风平浪静，其实复杂至极。工程如此浩大，难怪脑中划给视觉使用的版图要比其他各种感官加起来的总和都要大了。更重要的是，为了“看到”，我们曾经准备了很久很久……

相对于其他感觉器官，视觉的起步虽早，但是发育的过程却是最缓慢的。

科学真相 Point

各种感觉的发育顺序是：触觉（4个月大）→平衡感（6个月大）→听觉（8个月大）→视觉（9个月大），其中视觉的发育是最晚的。

成为胚胎22天的时候，最初的视觉组织就已迫不及待地显现出来，神经管的前方突起了两个小泡泡——这就是眼睛。第5周时，小泡泡开始分化出视网膜和水晶体，从外表看，其实就是两个小点。但是有意思的是，这两个像逗号一样的小黑点不断往下陷，且相距甚远，恰好位于太阳穴上的眼眶。第6周时，视神经开始铺路，将视网膜连接到“初级”的大脑上。然后，晶状体和角膜形成，从表皮组织分离。

到了第8周，两个小黑点开始觉得太阳穴这个地方不可久留，于是它们决定“移民”，移动的脚步缓慢但却线路清晰，直奔突起的鼻子两侧而去，这样从外观上看来就已经很有些人的模样了。更有趣的是，此次“移民”基本属于凭着感觉走，因为在“移民”的路途上，胎儿的眼睛一直紧紧闭合着，他给自己定好的睁眼日是怀孕第6个月的时候。到那时，这个小胎儿甚至都会流眼泪了！由于睁开了眼睛，所以这时候胎儿开始对光有了敏感度，他能感觉到腹中光的强度以及光线的明暗变化（在母亲的腹中非常安全，不会有天敌的威胁，所以胎儿还没有必要通过视觉辨别物体的形状），因为光可以穿过腹部的组织和肌肉射入子宫。所以，他的小世界虽然漆黑一片，但是，我们设想他还是能隐约地看到自己的手、脚和脐带。

科学真相 Point

2003年，英国诺丁汉大学的学者们进行了一项研究，他们想查明当光线照射到孕妇的肚子上时，胎儿的脑活动会发生什么样的变化。结果表明，微弱的光线也可以提高胎儿大脑的活性。

这就是为什么有些胎教宣传说，可以用电筒对着妈妈的肚子多照照，这样可以刺激宝贝的视神经发育。我们说，虽然这种方式所起到的效果微乎其微，但是从理论上讲，它还是合理的。

胎儿的“生物钟”

如同一个身处黑暗中的人，即使光线再微弱，也是一种希望，一个方向。对胎儿来说更是如此，光线虽微薄，却能让其自此有了时间感，知道何时是“清晨”，何时是“日暮”。这个能力形成于妈妈孕期的第34周以后，此时，胎儿已能毫不费力地判断黑夜与白昼，并且已经可以和妈妈一起度过每天24小时的循环性规律生活了。因此，这就要求孕妈妈们一定要让自己成为“准时钟”，规律地对待自己的每一分钟。熬夜的荒唐事就让它随风而逝吧，因为晚睡晚起的结果就是乱了自己及胎儿的生物钟！这样一来，大脑、心脏、肝脏、肾脏等所有器官的生物钟都会随之紊乱。（我们的脉搏、呼吸、血压、新陈代谢、荷尔蒙的分泌都是以24小时为周期变动的）要知道，胎儿在4个月左右时，内脏器官就已基本发育完成，并开始工作；到了7个月大时，脑的机能也已开始运转，这一切生理发育，都需要规律的生活来保障。

猜猜，宝宝看到了什么

宝宝出生后，你知道他是如何看事物的，又都能看到一些什么事物吗？

宝宝的视觉发育历程

宝贝正常的视觉发育要历经几个不同阶段，每个阶段宝贝都会有不同特征的视觉反应，这就要求妈妈平时在与宝贝相处时多留意，多观察宝宝的视觉反应和功能是否正常。

出生后——视觉开步走

虽然他的视觉设备都已安置到位，但还未经过时间的打磨而无法马上有效运作。目前，他只能看到鼻子前的光线以及物体的大致轮廓。不过，宝贝倒也不太在乎，因为他还有其他设备帮其感知和认识这个世界，比如皮肤、耳朵和鼻了等。

出生后的几个小时内——眼睛要工作啦

别以为一个刚刚出生的婴儿什么能力都不具备，单从视觉方面讲，宝贝刚一出生就已经有了睫状肌，只是强度较差。因此，眼部的调节能力无法自如发挥，无论我们距离他的脸是2厘米，还是30厘米，在他眼里，我们都只是一个模糊的影像。

睫状肌的作用是通过改变晶体的形状，以向近或远距离的东西对焦。

还有一个问题，小宝贝用于向大脑传送重组图像的视网膜的感光细胞还没有到位，而且数量也不够，感光细胞要发展到一定程度，婴儿才有更广阔的视野看到他居住的三维世界。

科学真相 Point

虽然宝贝确实有些“人目寸光”，但是，他也并不是一点“眼

力见儿”都没有。他在出生几小时内就能认得自己母亲的脸。这是不是很令人意外？在一项以出生才一天的婴儿为对象的研究中，实验者放出两种录像，一个是婴儿的母亲，另一个是相同发色发型的陌生女子。测量婴儿反应用的是一种特制奶嘴，婴儿可借吸吮奶嘴控制屏幕上的影像：吸吮的速度加快便可维持屏幕上的影像不改。结果几乎每名受试的婴儿都在看见自己母亲的影像时加快吸吮。有些与父亲接触频繁的婴儿甚至会选择多看自己父亲的影像，但如果是陌生男子的影像，他们根本不予理睬。

1周后——他能“看到”人了

由于才从妈妈的腹中出来不久，宝贝就只有对光线明暗的敏感这么一点点视觉经验（这还是在妈妈的肚子里慢慢积累起来的呢）。不过，这一点点经验却也足够他快速找到那个为自己提供食物的“人脸”。这多半是因为我们的面孔是由捕捉光线的“最佳材料”制成的：光线把我们的眼睛照得亮晶晶的，把颧骨衬得高高的，把凹陷的下颚及嘴角放在阴影中……这样的明暗效果，使我们的面部呈现出了“鬼脸”，既能逗宝贝开心，又能为其提供周边视力应有的刺激。

科学真相 | Point

心理学研究很早就发现，婴儿从出生时就表现出明显的视觉偏好。给婴儿一个选择——带图案的视觉刺激和简单的视觉刺激，他们更喜欢前者。这是发展心理学家罗伯特·范茨通过一个经典测试发现的。他建造一个小隔间，婴儿可以躺在里面看到上方成对的刺激。范茨通过观察婴儿眼睛里所反射的物体来判断他们正在看什么。结论是：婴儿天生对某些特殊刺激有偏好。例如，出生几分钟的婴儿对不同刺激的特定颜色、形状和结构有偏好。他们喜欢曲线胜过直线，喜欢三维图形胜过二维图形，喜欢人脸胜过非人脸图形。

宝贝出生时的视力确实不是太好，但不管怎样却也足够看见妈妈的脸和乳头，以及挥动在面前的自己的一双小手。大自然是不允许宝贝太过贪心的，这个视觉起点虽然能力有限，但宝贝的视觉经验却还够用，不多不少，因为世界是需要慢慢欣赏的，它要求宝贝循序渐进地去看、去感受，绝不允许视觉在未成熟之前就把一切尽收眼底，那对视神经系统来说将是个沉重的负担。

2个月时——单视线、单色彩的日子

从出生到现在，宝贝其实一直在用一只眼注视这个世界，而另一只眼或闭着或呈放松状态。随着大脑的不断发育，渐渐地，宝贝显示出从一只眼到另一只眼的迅速交替看物，也就是说两只眼在轮流上岗值班，这主要是因为他的双眼视神经就像两个正在各自修建中的桥墩一样，还无法共同担负起一个桥梁呢。也正因为双眼的这种轮流工作制，使得“斜视”在此时变得极为普遍。但是这点小“毛病”是不需要太过担心的（一直到3～4个月之前，宝贝都会有些斜视），因为再经过一些日子的视觉练习之后，双眼的协调水平就会迅速提高。

尽管宝贝的视线是如此“狭隘”，但是他眼中的世界大约还是丰富多彩的吧?

然而依旧让人感到沮丧的是，虽然宝贝此时视网膜上的视锥细胞已能够分辨色彩，但是他的大脑还没有成熟到能真正识别各种颜色的程度。他此时的视觉对比敏感度还较弱，只能看得出最鲜明的图案；色调差别很小的东西他几乎是看不见的。这就是为什么很多专业的育儿卖场里所陈列的新生儿用具中有大量的黑白对比的设计，如玩具、婴儿床、识认卡片等。可见业者还是非常清楚新生宝贝的视觉特点

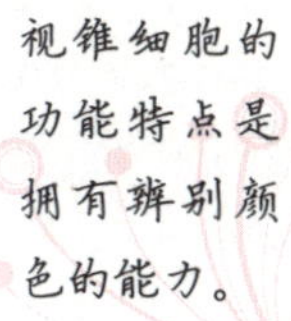
视锥细胞的功能特点是拥有辨别颜色的能力。

的，知道他们此时到底能看清什么。这种鲜明的对比还是非常适合新生儿视力敏锐度的，因为刚出生几星期的宝贝辨认颜色的能力确实是差到了极点。所以，此时如想刺激宝贝的视觉发育，最好的认知图片就是大而色彩单调的黑白色。

科学真相 Point

彩色视能不佳的原因很多，主要还是视网膜发育不全限制了视力敏锐度，因为负责查明颜色与细部的视锥细胞还太粗短，而且间隔太远。等到中央凹视锥细胞在头几个月内逐渐变得细长，间隔也拉近了，捕捉光线的效率就进步多了。小婴儿的视锥细胞渐渐发育成熟，辨认颜色的视能才会有所提高。

4个月时——宝贝学会了一种名为“追视”的新本领

宝贝4个月时，白天醒着的时间更长，肌肉也更结实了，他已经可以歪歪斜斜地靠坐起来了，这样他的头部终于可以随意移动，视野由此变得更加开阔。

“叮”！地上掉落了一个东西。“是什么？”好奇的宝贝立刻转过头，急急地循着声音去寻找。如果你的宝贝突然间有了这等表现，可以说，你真应该把它当做一件喜事举杯庆祝一番，因为这说明宝贝的脑功能又迈上了一个新台阶，他的视觉又迎来了一个新篇章。这主要是由于脑皮层对各种感觉器官的控制力量越来越强大，宝贝也终于摆脱了“凝视”的操控，转而进入了潇洒自如的目光“捕捉”期。从此，只要有物体在宝贝的视野范围内动来动去，宝贝的视线也会随之准确无误地扫来扫去，“想看哪儿就看哪儿”，绝不会被甩！

而且，他也许还不知道，自

已如果经常盯着这些移动的东西看来看去，不仅满足了好奇心，还能让自己的眼部肌肉得到锻炼；而眼部肌肉的结实与否，将直接影响着他控制眼球转动的灵活能力。如果控制能力超强，宝贝的视野就会更宽阔，由此对周围世界的兴趣也就大大增强，认知能力当然就提高得更快了。

所以，不妨在此阶段多和宝贝玩一些类似猫抓老鼠的游戏，例如故意在宝贝面前把小皮球滚来滚去，近一点，远一点，不断变换的距离，既锻炼了宝贝的追视能力，又能让他从中感受到空间大小的不同。

我们无法想象目前只能看出一些颜色（红色和绿色看起来比蓝色更清楚）的宝贝眼中的世界是个什么样子，因为他要看见整个光谱的颜色还不太可能。

不过，值得欣喜的是，随着视网膜的发育，宝贝眼里的世界已由“平面”变成了“立体”。

科学真相 Point

研究人员对这个月龄的婴儿做过这样一个试验：他们让婴儿看平面画和立体画，发现婴儿注视立体画的时间更长。而16周以下的小婴儿看平面画和立体画的注意力则完全一样。

此外，如果同时给新生儿看两张不同的图像，如果发现新生儿看其中一张的时间长，注视的次数更多，则说明他喜爱这张图像胜过另一张。根据这种推理，研究人员耐心地研究了数百名新生儿，结果证明，相对于不着色的图形，他们更喜欢看带有环形和条纹的图形。同时还进一步发现，与那些简单的、直线的、内容贫乏的图形相比，新生儿更喜欢那些复杂的、曲线的、有丰富内容的图形。而且已有研究表明，这些小宝贝们还能区分出三角形、四边形、圆形呢。

在快5个月时，更多的外界信息会被宝贝的一双小眼睛所捕获，但是他还无法随心所欲地利用这些信息，这是因为那个笨拙的身体还跟不上眼睛的运动。

6个月左右——宝贝学会目测啦

受限于视觉神经的发展慢动作，小宝贝都出生四五个月了，他的一双小眼依然难以聚焦一处。因为他的大脑还不能把两只眼睛看到的图像重叠组合成一个完整的全景。

但是当宝贝6个月时，一直在后台工作的大脑开始出面指挥那两只眼球对称地移动，这样终于把两眼的图像整合成了一个。而此时，他的视力几乎可以达到成人的视力水平了。

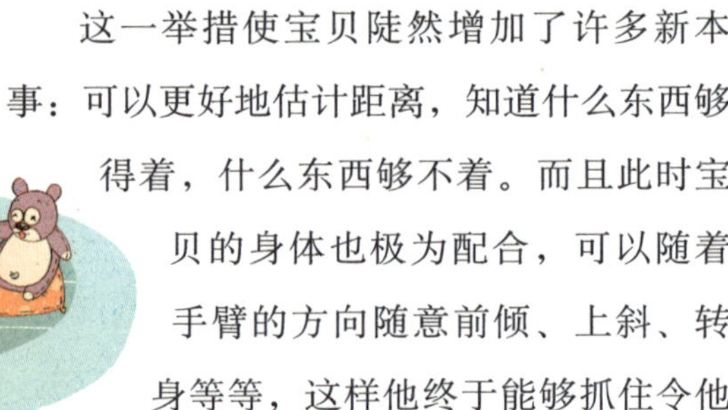

这一举措使宝贝陡然增加了许多新本事：可以更好地估计距离，知道什么东西够得着，什么东西够不着。而且此时宝贝的身体也极为配合，可以随着手臂的方向随意前倾、上斜、转身等等，这样他终于能够抓住令他眼馋已久的各种好玩意儿。

而且，自从学会了目测之后，宝贝变得越来越有谋略了，有时他会知道，一些距离太远的东西，他自己根本白费劲，抓不到，所以又学会了支使大人。而此时，我们就可以趁机培养一下他解决问题的能力，比如先让他想想办法，故意放得忽近忽远，鼓励他凭借自己的力量拿到它。所以，此时爸爸妈妈们可千万不要帮宝贝一步到位哦。

8个月——拥有了和成人一样的视觉

人类真的很伟大，通过一系列的技术手段测出猫眼中的世界竟然只有黑、白和灰三种颜色；蜥蜴眼中的世界则是个360度的全画幅。那么，8个月大的宝贝眼中的世界又是怎样的呢？还只能看到外部世界的轮廓吗？

为此，伦敦认知发展和大脑研究中心的研究人员对6～8个月的婴儿进行了虚拟图像实验。在虚拟图像中，人们以为看到了一个完整的方块，其实只是方块的四个角显示出来。他们在婴儿的头上安置了电子仪器，以确定婴儿看到这种奇怪的图像时大脑活动的区域。最后发现，8个月婴儿大脑活动区域与成年人看到同样图像时的大脑活动区域完全一样。由此可以证明，8个月的婴儿尽管视力还不是很好，但是已经具备了很多视觉能力，比如轮廓、色彩、距离、体积以及让他头晕的深度知觉。

科学真相 Point

深度知觉是非常有用的视觉能力，它能帮助婴儿获得有关高度的知识，以避免跌落。在埃莉诺·吉布森和理查德·沃尔克所做的经典研究中，婴儿被放置在一块很厚的玻璃上，玻璃下方有一半铺有方格图案，让人感觉婴儿趴在一块稳当的地板上。然而，玻璃下方的另一半，方格图案与玻璃具有几十厘米的落差，形成了明显的"视崖"。吉布森和沃尔克提出的问题是，当母亲召唤婴儿的时候，他们是否会爬过这个"悬崖"。

结果很明显，研究中大部分6～14个月大的婴儿不会通过"视崖"。显然，在这个年龄段，大多数婴儿的深度知觉能力已经发展成熟。

自从宝贝有了深度知觉，我们就可以放心地扩大他的爬行空间了，这样不仅可以进一步刺激他的视神经发育，还能使他的身体得到更多的运动。

10～11个月及以后——宝贝看得更精、更准、更清晰

看着渴求的东西就在那里，却触摸不到，该是怎样的痛苦？好不容易可以爬、可以走了，宝贝的活动地盘儿一点点地扩大，他的冒险精神终于得到了全面的释放，对眼睛的依赖也更大了。眼睛得到了前所未有的锻炼，几乎连地上的头发都能够看得清清楚楚。

视力之所以在宝贝能四处爬行时变得更好，是因为探索世界的过程中必然会遇到许多障碍物，眼睛得成为行路先锋，帮宝贝把持平衡，预先为其设定好需要改变方向的地方。

因此，在眼睛的帮助下，宝贝的预知推想能力越来越强，当他看到一样东西，就能推想出将要发生的事情。比如，当他回家一眼看到妈妈的包放在沙发上，便会大叫“妈妈”，而实际上，妈妈还在另一个房间呢。这说明，他的眼睛看到了还没有显示出来的东西，或者说大脑不同区域的连接使他具备了推理能力。

此时，爸爸妈妈们就可以有意识地多和他玩一些藏物猜物的游戏了。比如，先把一个玩具狗拿给他看看，之后藏在盒子里让他猜猜里面有什么，说说它的形状、颜色等。

提防斜视危机

生活总是伴随着许多的不确定，有时发生的事令人猝不及防。比如宝贝的视觉发育，就因为它行进的时间漫长而缓慢，所以一路走来并不容易。因为你无法预料会有什么事意外发生，而影响到它的智力认知能力。要知道人通过各种器官获得的全部信息中，95%以上是通过眼睛获得的。因此，人眼是大脑获得外部信息的重要感觉器官，视觉能力对宝贝而言确是重中之重！

通常，最容易发生在宝贝身上的视觉“惨案”是斜视，这是一个虽常见却也令人头疼的毛病。一般来说，足月出生的宝贝约有2%的几率患上斜视，早产儿斜视的比率则高达10%～20%。本来婴儿在出生8周里是较容易出现斜视的，但是随着视觉神经的一天天成长，此情况就会慢慢消失。可是，仍然有一部分“斜视”比较顽固，迟迟不肯走向“正途”，因此这就给宝贝的视力发育带来了严重阻力。

科学真相 Point

对幼小的婴儿来说，斜视的危害不在眼睛，而在脑部。视觉皮质内的神经元必须接收两眼从同一视野内输入的信息——两眼看到的东西必须聚焦于同一处，才能够发展正常的视力。婴儿若有斜视，两眼就不能相互配合，也就是说，如果两眼不能视线一致，脑部收到的是两个不同的视觉图像（有复视毛病的人一定能深刻体会这种情形有多难受）。让我们用一个小实验来说明：左右手各拿一支圆珠笔，两手平伸，笔尖慢慢地靠拢，可以很容易地将两支笔尖对准；如果闭上一只眼，可就不怎么容易了。这是因为，当我们的两眼注视一个物体时，物体分别在左右眼的视网膜上形成图像，但由于左右眼有一定的间隔，左眼可以看到图像的略偏左侧，右眼可以看到图像的略偏右侧，因此两个图像并不完全相同，不能完全重合。这样的视觉图像传入大脑，经过大脑的合成、判别，使物体产生了空间的深度感，有了立体感，这就是立体视，也就是我们前面所说的深度知觉。当我们闭上一只眼，只有一个单一的图像传入大脑，就建立不起立体感。因此闭上一只眼睛后，要对准笔尖就不怎么容易了。所以，一个没有立体视觉功能的人，将无法判别物体的距离、方位、空间等。

而斜视对婴幼儿来说，受影响的还不仅仅是立体感的形成。我们的大脑采取的因应之道是：如果两眼视力强弱不一，强的一眼就会将看的权力一举争去，弱的一眼因此受到压抑，这样就不能供应足够的图像到脑视觉皮质线路，敏锐度便会日渐衰减。由于宝贝的视觉发展有很大一部分需要仰仗视觉经验，因此，他经不起视力上的任何一点风吹草动，那伤害几乎是永久性的。

另外，视力问题出现的早晚，对日后发展到的程度也大有影响。由于双眼视力发展得早而迅速，而且关键期从婴儿出生不久就开始了，所以这双眼可是小宝贝最脆弱的一环。如果宝贝的两眼方向偏离（内、外斜视或一高一低）或视力模糊，又一直延迟到半岁或8个月都没给予及时矫治，宝贝就没有办法发展出正常的双眼视力。障碍的程度愈严重，持续的时间愈久，宝贝日后的视力缺陷就愈严重。

科学真相 Point

德国生化学者菲斯达博士，曾用老鼠实验来证明这个事实。

博士将刚出生的老鼠分为A、B两组，在出生之后的第二个星期观察其脑部的发育状态。结果发现，两组老鼠的脑细胞都有14个接点（连接的回路）。然后，缝上A组老鼠的眼睛，不让它们接受刺激。接下来的两个星期，继续观察两组老鼠脑部的发育状态，结果因为A组的老鼠没有受到视觉刺激，所以没有成长，脑细胞的接点数仍维持在14个，相反，B组老鼠的一个脑细胞则增加到了8000个接点。

这时，将A组老鼠缝起来的眼睛拆开，让它们再度见到外界接受视觉刺激，1个月后再进行调查，结果发现A组老鼠已经失去了爆发的成长力，追不上B组了，其接点数维持在14个，相当于是一群白痴老鼠。

从上面实验中我们知道了三个重要信息：

一是脑细胞受到周围环境的刺激而成长；

二是环境越丰富，则培养的脑细胞越优良，如果环境单一而缺少变化，那么脑细胞就不易成长，而且还会变得越来越迟钝；

三是越接近出生的时候，脑部接受刺激的能力、适应环境的能力就越高，这种现象可以称为天才作用。如果这个时期没有给予足够的刺激，事后再弥补则为时晚矣！

刚出生的宝贝不易看出有没有斜视，因为多数新生儿的两眼都有些偏斜。但是，到了2～4个月大时，斜视的情形便可看出来，眼睛正常的婴儿也在这时候两眼对直。

无论如何，平时我们都应该关照一下宝贝的注视点。如果我们总把玩具或颜色鲜艳的东西固定在宝贝的一侧，他经常往一边斜着看，自然很容易形成斜视。另外，如把东西放得离宝贝太近，他持续地注意中间的目标，还容易形成对眼。所以千万别把玩具放得太近或过偏，使宝贝只能持续地注意一个目标，玩具的位置要时时更换。

|指导小手册|

如何检查宝贝的视力

一般来说，要想较为明显地发现新生儿或幼儿的视觉有什么问题，要等半年之后。但在这个时段，宝贝的双眼视能会错过发育时机，会严重损害宝贝日后视力的发展。

虽说新生儿或幼儿即使有什么不适也不容易被发现，却也并非一点蛛丝马迹都没有，只要心足够细，还是能够觉察出一些迹象的。

出生后几周内：1.用手电筒照眼睛。正常情况下，新生儿会立即闭上眼睛。轻轻拨开眼皮照瞳孔，瞳孔会缩小，此谓瞳孔对光反射。另外，如果婴儿的目光总不朝向有光线的地方，相反，光线却让他眨眼皮、哭闹的话，你也需要特别注意。2.头眼协调动作。正常的新生儿低头前倾时，眼球会向上转，头后仰时，眼球则向下看，此谓“洋娃娃眼”。3.短暂原始注视。用一个大红色绒球在距眼20厘米处移动60度角的范围，如果能引起新生儿的注视，头和眼还会追随红球慢慢移动，此谓头眼协调。4.运动性

眼球震颤。在新生儿眼睛前20厘米处，将一个画有黑色垂直条纹的纸圆筒（长约10厘米，直径5～6厘米）由一侧向另一侧旋转，新生儿注视时会出现眼球震颤，即眼球会追随圆筒的旋转作水平运动，此谓视觉运动性眼震。

2～3个月：会定点看东西，甚至会转动头部去追视移动体。

3个月以后：不玩手；看到奶瓶没有反应；对熟悉的面孔不感兴趣；有用小手挤压眼睛的习惯（医学上称之为“指眼现象”）。

4～6个月：不伸手去接递给他的东西；不把手里的东西放在嘴里；给人斜视的印象。

7～9个月：不寻找在他视野中看不见的东西；不弯腰去捡掉在地上的东西；对周围人突然的动作没有反应。

18个月：走路动作很笨拙，经常跌跌撞撞，躲不开眼前的障碍物；不用手指自己想要的东西；看上去“眼神不对劲”，如眼球不稳定，有节律地摇晃，或无目的地转动，像是在搜寻什么目标，或者瞪眼凝视却视而不见。

解密宝贝的“盯人”术

在宝贝出生两个月的时候，有那么一阵子他似乎特别喜欢玩盯物游戏，一旦看到某物就会直直地盯着它，几乎是目不转睛，似乎被深深吸引。注意，这可是个小骗局哦，现在我们就来把这个谜底揭穿吧。

确实，这个时期的小宝贝常常会目不转睛地盯着我们或某物看个没完，不过，你可千万不要以为他是被我们的温暖笑容所吸引。其实，这是因为他的大脑还无法完全指挥眼部肌肉，并支使目光随意转向别处。于是，只要某物进入他的视野，他的眼睛便会盯牢了难以放开，这种特别的视觉行为，叫做“强制观看”或“固视反应”。从名称可以看出，这是指小宝贝会盯住一件东西看个不停，有时可以长达30分钟甚至更久。

这种行为主要是宝贝的两个掌管视觉的小头目争权夺势造成的。比如宝贝不想再看他面前那盏发亮的小灯了，那么他的脑皮质视觉中枢与皮质下视觉中枢便会展开一场搏斗，一方还想再继续看一会儿，而另一方却想换个频道。就这样，两者在势力难分高下的情况中，一时半会儿胜负难定，而那双无辜的眼睛便只能停顿在那里动弹不得。除非妈妈发现他的不悦后把他抱起来，眼睛才能因为位置的变动而看到崭新的内容。

当然，有时候这种强制观看的行为也有正面作用。由于爸爸妈妈们并不知道宝贝这种行为的生理内情，所以每当宝贝“深情而长久”地望着我们时，心里自是被他望得心花怒放。事实上，许多父母亲都坦承这是他们真正心动，并开始爱上孩子的时期，这与长时间地默默相视不无关系。

奇妙的“脸”

宝贝似乎生来就容易受到面部形状的吸引，只要是椭圆形，上面均匀分布着眼睛、鼻子、嘴巴等图形，新生儿就很爱看。

科学真相 | Point

为了弄清这到底是因为他们认识人脸，还是因为被脸的圆形轮廓和眼、头发等鲜明对比的形态所吸引，研究人员通过给出生还不到1小时的婴儿看两张脸谱来进行实验。一张是规则的脸谱，另一张是将鼻子、眼、口等脸上的结构搬了家的、歪曲的脸谱。结果表

明新生儿喜欢看规则的脸谱。之后再拿笑逐颜开的人像照片和人像简化图给婴儿看，明显看出它对照片更感兴趣，且能看得情绪高涨。这或许是因为新生儿天生就有能力认识自己同类的面孔吧。而且，从认知角度来讲，新生儿的这一天生偏好还令他能更快掌握各种新本领，比如语言。加拿大英属哥伦比亚大学的博士生惠特尼·维库说："说话时的面部表情在所有对婴儿的刺激中是最有效和最突出的，并且面部运动同语言一起影响着成年人和婴儿的语言感知。"

维库女士说："除了说话发出的声音，婴儿似乎能够应用面部运动来确定说话者是否已经由一种语言转换成另一种。我们已经知道婴儿能够应用听觉信号区分语言，但是这项最新研究表明婴儿仅用视觉信号就能够区分语言。"

你看，宝贝们的每一个小动作、小爱好似乎都有一些玄机。不过，无论是什么，只要他喜欢，那我们就不该吝啬。没事要多逗逗他，让他看到我们的脸，并从中学会模仿。因为那个不断更新的大脑每时每刻都在进步着，它总是试图记录下我们所有的表情，将之储存起来，并在今后的某一天把它变成自己的本事。

如果一味让宝贝躺在床上，眼睛只盯着遥远且看不清晰的天花板，那对宝贝而言几乎跟闭上眼睛睡觉没有多大区别。要知道视觉的发展是需要一些动力的，所以要经常给宝贝换换睡觉的位置和床头的玩具等，只有受到相应的刺激，他才能努力让自己的视觉接受器抬起脚向前走。

拿眼角瞧人

知道宝贝刚出生时用眼睛的哪个部位看东西更清晰些吗？有人曾对一个出生才3个小时的新生儿做过一个小测试，如果拿一个红色的小绒球在宝贝的小床上方摇晃，宝贝对此基本上是一副熟视无睹的样子。但是，如果把这个红色小球移到小床的左侧，这个看似酷酷的孩子的眼睛会突然往那个方向望去。之后如果再缓缓将小球划过其视野，一直移到小床的右侧，他的视线竟然会跟着走。这很好地说明了小宝贝此时只有周边视觉，即他真的是个只用“眼角看人”的人！

科学真相 Point

由于新生宝贝的视觉发育轨迹是按先周边后中央的步调开始的，因此视网膜外围的发育程度要比中央凹早得多，周边视网膜传来的图像信息会优先传入“中央处理器”（脑视觉皮质）的通道中，“看”的重任自然也就落在了外围上。这就是新生儿看周边的事物反而比中央清楚的终极谜底。

就如上面的那个事例，如果拿两件东西给新生宝贝看的话，必须将其间隔相当宽的距离，宝贝才能辨认出是两件东西，凡是相距不远的物体，在宝贝眼中一律是“雾蒙蒙的一整团”。再比如，拿一张大照片给新生的宝贝看，最引他注目的是周围的框框，而不是照片中央的景物。

这种奇异的视觉要一直持续到宝贝两个月的时候，之后视网膜中央凹发育较成熟了，大脑皮质也开始接管精细视觉的任务了。到那时，宝贝才能清楚而完整地看清一张面孔。

因此，家里如果有那种悬挂在小婴儿床顶上的摇动玩具，最好先挂在床的侧边，这样才有可能赢得新生儿的回眸一瞥。另外，还要记得时常更换位置，老挂在一个地方，岂不是有些心存不良地想让宝贝变成个“小斜眼”啊！

|指导小手册|

视觉刺激训练

一个小小的婴儿，其观察事物的能力比人们想象的要强得多，出生大约两周的小婴儿就能辨认简单的物体和周围亲人的面孔。通过每天不断地观看，婴儿在4～6个月的时候，两只眼睛已能协调使用了：

1. 初来世界的婴儿对周围的一切都充满了好奇，所以我们一定不能让他的视觉环境太过单一。怎么办呢？一个字——变！可以先从定期更换宝贝身边的物品开始，比如每天在小床边悬挂色彩、形状不同的玩具；不过还要记得给宝贝保留一部分他熟悉的小东西，每次不要更换太多。

2. 将某物件慢慢移向宝贝，之后再放在离他不远处，重复几次，逐渐建立其视觉与空间的联系。同时还可以和宝贝说说这件东西的名称、用途、特点等，让宝贝逐渐将视觉和听觉联系起来，这便是认知能力的最初形成。

3. 宝贝需要通过观察来了解一样东西的外貌、形状、大小和颜色等。因此，我们如果能为他多提供些对比度强、色彩明艳、几何形状各异的丰富多彩的视觉环境，将能够有效地促进宝贝大脑视觉神经系统的发育。

Part 6 说出来的秘密

孩子从出生时的哇哇大哭，到能够熟练用语言表达自己的思想，经历了一段复杂而漫长的发展阶段，然而其中有多少事是父母们不知道的呢？

“说”到底有多难

宝贝自己还不会说话时，需要听我们说。虽然对他来说，我们说话有些像绕口令，但我们说得越多，他就听得越多，日后他也就会说得更好。

“说话”之前传——听

突然之间，新出生的宝贝感觉自己置身在一个完全陌生的地方，四周充满了从未听到过的声音。于是，他竭力地竖起自己还不很灵光的小耳朵，四处搜寻自己曾经最为熟悉的声音，那还是他在子宫里的时候听到过的呢。那个声音当然就是妈妈的声音。

科学真相 Point

研究人员早已从对新生宝贝的心率和呼吸变化的测试中发现，只要一听到妈妈的声音，宝贝的心率就会减缓，进而心情变得平静且安适，这说明他在子宫里对声音的记忆是可以延续到出生以后的。如前文所说，孕期中的妈妈如果一直热衷于某故事或影视剧，那么，等宝贝出生后，将这些放给他听的话，你会惊奇地发现，他对那声音似乎有反应。

是不是有些不可思议呢？其实，从科学的角度讲，这也实属正常。因为，那个不断发育的小家伙的大脑就像一台不断被存入程序的计算机，各种信息的刺激都会被存入，特别是反复的刺激。语言学习也是如此。

许多人都以为只要等宝贝长到该说话的年龄，他就一定可以说得很好。其实不然，一个孩子的学说话过程是非常漫长的，他需要不断地积累、练习以及耐心地等待才能最终学会。

科学真相 Point

要想知道宝贝是如何学会说话的，我们得先去他的大脑里看一看。

如果将大脑看做一张行政地图是不无道理的，因为它有着明确的行政区域划分。负责说话的行政版块叫语言区，它位于大脑左半球，那里前后有两个辖区，分别被命名为威尼基区和布罗卡区，其行使的权力各不相同。威尼基区掌管着词汇的收集、积累、调配等工作，也就是说，它就像一部“语言词典库”；而布罗卡区则更像个“词汇指挥员”，它负责句子的文法搭配及一切书写、表达、理解等肌肉运动工作。

它们的分工合作真是默契至极。如果我们有了想说“我想吃午饭”这句话的愿望，就必须先从威尼基区的库房里提取“午饭、我、吃、想”几个词，把它们交给布罗卡区加工排列之后，就成了合乎语法的“我想吃午饭”。当然，如果词库里词语匮乏，想表达自己的愿望就比较困难了。

另外，由于大脑的总发育趋势是从后向前发展，因此这两个执行官也因其所处地理位置的不同，而有了先后之分。“词典”威尼基区先发育，虽然得了这一先机，可它没敢偷着乐，它知道大自然让它先发育是有安排和重要任务的。所以，一刻也不敢闲着，为了能让自己的库房更充实，它几乎是日夜不息地四处收集各种词汇、语句。因为，它的使命就是在布罗卡区成长到位之前，为其准备好可以自如调派的词语！

而且，为方便它更好地完成这一重要任务，大脑特意让它紧邻着两个好朋友——听觉和视觉。有了这两个必不可少的帮手，“词典威尼基”才得以方便地将它们听到和看到的一切都纳入库房。

威尼基区域的命名源自德国心理学家和神经病学家卡尔·威尼基。这个区的作用是接收从耳朵、眼睛和触觉而来的信息，这些信息对口语、手势语或是盲文这些语言的理解十分重要。

布罗卡区域是以皮艾尔·保罗·布罗卡的名字命名的，这位人类学家和外科医生是世界上第一位发现语言障碍和脑皮层中这一特殊部分发育异常之间的关系的人。

现在你明白了吧，宝贝是世界上最勤奋的学生，甚至在他还未出生之时，就已经开始不断地学习了。而在他还不会说话的日子里，他在听、在看，竭尽自己所能，为日后的说话做着准备。

宝贝如此努力，爸爸妈妈们当然更不能冷眼旁观，因为他需要我们的配合与帮助，才能最终完成“说”的重大使命。

听的环境影响

在与人相处的哲学中，能够静心听别人说话的人几乎可以被称为智者，因为多数人都更愿意滔滔不绝地说。当然他们也会听，但不一定入心，别人在说话，他听到了而已，别人说的话仅仅是一种声波和信号，与路上的车喧、窗外的鸟鸣本质上没有区别。所以，曾有心理学家感叹说，“听”是“一门失传的艺术”。

但是，谁也不曾想到，这门艺术并没有失传，只是它的继承者有一点出乎我们的意料。其实，真正的倾听大师就是我们的“婴儿”！新出生的宝贝们，对人类声音的热衷不亚于他对母乳的迷恋。只要是人的声音，无论男女老少，亦不分国界，一旦被他听到便将所有的听觉神经悉数调动起来，倾心相听，再如同语言切割机一般将语音一个一个地分解开来，细细品味。无所谓什么语系，一概收而听之，有人因此戏称新生的宝贝是个“世界公民”。

这是因为，刚出生的婴儿大脑负责语言的区域就如同一个音素聚集库，里面存储着各种语言所需的大部分语音，也就是说，宝贝虽然刚出生不久，但是却能够辨出普通话li（梨）和ni（泥）的不同；也能辨出英语mouth（口）和mouse（老鼠）的不同，而这连一些说汉语的成人都无法办到。

而他在出生头一年的主要任务，便是将经常听到的母语（及某种外语）中的各种语音相对应地从库中提取、区分、保留下来。此时如让宝贝尽可能多接触母语之外的其他语言，就会使他在脑中留下此语言的印迹，日后学起这一语言来将会省力很多。剩余的库存将会在他6个月大的时候慢慢衰退、消失，这有利于他集中精力学习和应用自己的母语。

如果宝贝已错过了婴儿期吸收外语的机会，也不用急。辨识外语音素的能力虽然止步于婴儿期，但只要能让宝贝在六七岁前经常听到某一外语，其效果依然显著。因为大脑在幼儿期仍处于发育阶段，弹性和可塑性极强，一旦突然沉浸于某一外语中，其神经细胞的树状突就会按照适合那一特定语言的样式生长。因此，如果期望宝贝学好外语，就该及早开始。

宝贝出生后一年至一年半的这段时间，是他们的语言潜伏期，表面上只有蛛丝马迹，其实正在不断培养酝酿，一旦时机成熟，也就是宝贝出生后第二年的中期，就会收获成果。

事实上，新生的宝贝在辨认语言方面伶俐得出人意料。他能辨认他熟悉的声音，甚至在出生的第一天，就能随着成人说话的节奏做出细微的同步动作，但是他不会对其他有节奏的刺激做出这样的反应。当然，他还不能分辨字句，但他对于说出来的语句的整体音乐性和声调相当敏感。新生的宝贝主要是利用这种“韵律”中的差异来分辨不同人的说话声的。

科学真相 Point

一项新的研究显示，如果孩子长时间待在吵闹的电视机旁或环境嘈杂的托儿中心，就可能要花较多的时间来学习说话。

美国马里兰大学语言知觉与发展实验室主任、心理学家罗谢尔·纽曼博士研究发现，婴儿无法从背景噪音中辨别口语语言，除非这些话比噪音的声音更大。

纽曼博士对100名5个月、9个月和13个月大的婴儿进行了研究，测试了婴儿在背景环境的噪音下，对一名女性叫他们的名字或一个陌生名字的声音的反应。当声音比背景噪音小时，婴儿要听很长时间才能理解他们的名字。但在背景噪音比叫他们名字的声音柔和时，即使年龄最小的婴儿也能理解。如果背景声音是在浪漫而有气氛的餐厅中的柔和亲密的对话，5个月大的婴儿就能分辨对话中的声音；如果噪音水平成倍增加，则无法分辨。

到13个月大时，孩子在这两种噪音水平下，都已能分辨对话中的声音。

纽曼博士认为，这可能会推迟婴儿开始学说话的时间。尽管不是所有的家庭和日间托儿中心都同样嘈杂，但所有的看护者都应该保留一段安静的时间或是一个安静的角落，以便婴儿能够获得他们所需要的语言学习经验。

和宝贝交谈

此时的宝贝虽然还不会说话，但却极喜欢听人说话。虽然他还没有真正地融入生活，但是他已经准备好了和身边的人开始交流。他对爸爸的爱抚会做出回应；依偎在妈妈的怀里，爸爸妈妈对他说话的时候，他也会盯着他们的脸凝神注视。

小宝贝们尤其喜好听人发出的声音。所以，如果我们能与宝贝面对面地说话、闲聊，或者叙述我们正在做的事情，对其语言的发展是非常有帮助的。

在一个拥有大量语言交流的家庭里，宝贝到12个月时就能接触到1300万个词汇（此数据指英语词汇）。

而在一个不经常进行语言交流的家庭里，宝贝到1周岁时只能接触到大约800万甚至更少的词汇。

看来“沉默是金”这句话万万不能

用在宝贝身上，否则，他将来极有可能发生词汇饥荒，那时再想补救，将会费很大的心力且效果有可能难如人意。

只要让婴儿处在一个良性的语言环境中，他们不需要任何附加的特殊刺激就能学会说话，但我们自身的行为习惯还是会刻印在孩子的身上。比如，有人说，“德国人的稳重和法国人的灵活在不同程度上影响着这两个国家婴儿的成长。德国人总是让婴儿处在一种平静的休息状态中，而法国人却总是在没完没了地、翻来覆去地在婴儿面前变换花样”。这两种方式的结果恐怕也是世人皆知的，即德国人给人的印象多是刻板，而法国人却是浪漫且多情。家庭的语言影响也是同理，父母话多且用词丰富，孩子的语言库存必定充实。

其实和宝贝说话很容易做到，只要随时随地告诉他我们正在做的事情就可以了。比如当你喂宝贝吃饭，给他换尿布，帮他穿衣服，给他洗澡或抱着他时，都要和他说说话，告诉宝贝你在做什么，发生了什么事情。“罗罗，你是不是尿湿了？让我看看你的尿布。你真的尿湿了，那我们得换尿布了。”“西西，妈妈正在给姥姥打电话呢，问问姥姥最近身体好不好。”……

科学真相 | Point

20世纪60年代早期，美国堪萨斯大学的贝蒂·哈特和托德·R.里斯利对一些1～2岁的孩子进行跟踪观察，他们每月花一个钟头的时间在42个家庭里，尽可能详细地记录下孩子所处的每个家庭的环境情况。他们记录的内容包括：和孩子进行直接交谈的时间和次数，交谈的方式，以及父母对孩子说话时采用的语调。他们发现每个家庭的差别非常大。研究结果表明：父母与孩子的交流方式极大地影响着孩子将来的学业成就。

哈特与里斯利对孩子的跟踪调查一直持续到他们上五年级，并把早期的观察和日后他们的学业成就作了参照比较。结果令人十分惊讶：撇开四个家庭因素（受教育程度、父母智商、社会经济水平和种族），学业成就最高的是那些父母经常与之直接交谈的孩子。与婴儿大量直接交谈可以使他获得更高的智力。因此，和孩子交谈得越多，谈话质量越高，孩子就越有可能取得比别的孩子更大的学业成就。

宝贝哭了，理不理？

新出生的宝贝拥有的唯一语言就是哭声。他的许多需求、思想、情绪等都包含在那一声声的啼哭中。很明显，他在用哭声与人交流。

而从语言的另一个角度讲，小宝贝的哭声也是他说话的前奏——试音。通过哭，他可以不停地调试自己的音位，高、低、长、短。对宝贝而言，每一个发音都是新鲜而有趣的。这样的调音用不了一周，他便已经清楚地知道，自己该在什么情况下用什么样的音位。这就像一名歌手在演唱前总要“咪咪、吗吗”一阵子，以调整自己的音准，让歌唱得更好听一样。

所以，如果妈妈们足够细心，就会发现，宝贝饥饿时、烦躁时、生气时、生病时的哭声是不一样的。或长或短，或急促或愤怒，一样的哭泣，百样的哭声！

但是，无论宝贝怎样哭，我们都一定要回应他，轻轻地拍一拍，温柔地抱一抱。宝贝会因为这些回应而感受到妈妈的关爱，小小的心灵将会由于高兴而愿意尝试更多能够引起你注意的方法。

此外，因为宝贝哭泣时会被立刻抱起来，呼吸会变得更顺畅。这对语言的发展也

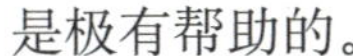

是极有帮助的。

新生宝贝的哭声虽然是件让人头痛的事。但是，千万别错误地想：让他哭一会好了，这样可以培养他的独立性。如果我们依照这样的想法而坚持不理他，也许过一会儿宝贝确实就不哭了，但是这样一来，宝贝就不知道用什么方法来向外界传递自己的心情。“哭”可是他唯一会用的语言，如果得不到回应，他就会放弃，不再愿意尝试引起他人的注意了。而没有了沟通，宝贝的语言与智力自然也就无从发展。

科学真相 Point

德国维尔茨堡大学的韦姆克教授称，新生儿在刚出生一周内啼哭的声调越丰富，当他长到一岁半时，就越能本能地学会更多的词句。反之，旋律单一的啼哭声预示着这名婴儿以后学说话的困难会更大一些。

韦姆克对大约35名幼儿进行了相关分析，首先分析新生儿发出的语音，从啼哭声中“过滤”出曲调来。结果发现，一开始声调曲线只是简单地起伏变化，到出生后第二周，曲调就开始变得复杂了。他说，婴儿发出丰富多变的曲调的时间越早，以后学说话时就能更早更多地学会各种词句。

韦姆克一直从事语言开发方面的研究。他指出，这项研究的意义在于，对于那些啼哭声调单一的幼儿，可有针对性地尝试进行音乐方面的训练，以帮助其提高语言能力。

第一个词

约从4个月起，宝贝开始将不同的音节混合，能发出很多重复、连续的语声（如ba–ba、ma–ma）。要知道，这个时候宝贝能说成这样已经很不错了，因为他的说话过程很大一部分受限于生理条件，比如发声器官的发育程度。

我们都知道猩猩和猿猴是最接近人类的动物，曾有人试图教它们说话，最终结果是它们可以学会用相关符号与人交流，但说话却是无论如何都做不到的。这是为什么呢？声道太短所致！它们的口腔孔比人的宽，也就是说生理条件不具备说话能力。而新出生的婴儿之所以不会说话，正是由于他们的声道与猿猴较为接近：声道短得不成比例，软骨柔软细弱，声带短、薄，舌头位置也比成人的向前。正是这一特征使宝贝只能发出一些较容易的母音及子音。

但这种情况不会持续太久，等宝贝长到6个月的时候，喉咙、嘴、舌头等设备的形状就已经变得较为接近成人了，也具备了更好地控制呼吸和运用舌头以及嘴部肌肉的能力，能发出的语言也有了改变。更重要的是，此时的语言理解力也跟上了成长的节奏，宝贝口中所发的大部分声音开始有了一定的意义。当他独自玩时，即使周围没有一个人捧场，他也会操练起这些更接近说话的“咕咕”声，也许他们就是在用声音做游戏。在某种意义上来说，他们并不孤独，甚至还非常喜欢听自己发出的声音呢。

不过，宝贝1岁前的学语演变不能只用生理构造来解释，学习行为的影响是同等重要的，就是说生理因素与环境条件在婴幼儿学语过程中各占一半，缺一不可。一个非常有名的实例就是狼孩的故事。

1920年，在印度加尔各答附近的一个山村里，人们在打死大狼后，在狼窝里发现了两个由狼带大的女孩，其中大的约七八岁，被取名为卡玛拉，小的约2岁，被取名为阿玛拉。她们刚被发现时，生活习性与狼别无二致：用四肢行走；白天睡觉，晚上出来活动；怕火、光和水；不会讲话，每到午夜后像狼似的引颈长嚎。卡玛拉经过7年的教育，才掌握了45个词，可以勉强学几句话，开始朝人的生活习性迈进。但是她只活到了16岁，当时其智力水平只相当于三四岁的孩子。

可见，环境对婴宝贝成长的影响有多深刻。宝贝是否经常牙牙学语，与父母亲予以注意的多寡有关。父母亲如果在听见宝贝发声时模仿他的语声，或以其他语声响应，宝贝学说话的兴致就会立刻高涨百倍。他会嘟起或咧开小嘴，试图模仿父母的口形，他还会主动用“咕咕”之声来发起彼此间的“交谈”，吸引我们和他互相倾诉。相反，如果父母亲的反应是置之不顾，那么宝贝越说越无趣，慢慢地也就闭口不言了。

科学真相 Point

咿咿呀呀的声音就像音乐一样悦耳。当小宝贝们能够发出这样的“咕咕”声时，也正是他们的右半脑和具有语言功能的左半脑中某些部分发育最为重要的时刻。神经元释放出大量的神经细胞树状突，这些树状突不断增长，又和其他树状突结合起来。（感觉有点像在大脑中修建高架桥一般，桥建得越多，信息空间涉及得越广）我们知道右半脑负责形成那些带有感情色彩且富有韵律感的词汇与语调，而左半脑则是控制发音是否清晰以及掌握词量的中心。

无论是语句还是语调，一切都离不开听觉皮层的支持。只有听觉神经更趋完善时，宝贝才能更好地模仿出所听到的声音。

不过，在有模有样地模仿出成人的语句之前，宝贝们还得经过一段自我音调探索期。而且，这个音调是全世界的婴儿都通用的，即全部是叽叽咕咕的咿呀声。为了使自己的声音更迷人，宝贝们还无一例外地都会加入一些只有小婴儿才会有的特别的“嗯”、“啊”声，这样就使得这个调调听起来更像是一首怀旧的老歌了。这种情况一般发生在婴儿6～10个月的时候，这些小调和他们听到的声音没有什么关系，因为即使是一个患有先天性耳聋的婴儿在6个月大时也可以发出这样的声音，只是到了9个月就

不再出声了，这说明听力在咿呀学语到说出第一个字之间的日子是必不可少的一个因素。就好像大自然事先给我们准备了一辆语言跑车，而且还额外赠送了一些燃油，以备上路，但是如果我们自己不继续加油，语言跑车便只能中途抛锚了。

在这个学语过程中有一个细小的环节需要多加注意，即注意分辨宝贝说出的第一个字。按研究者统计，许多爸爸妈妈根本不清楚自家的孩子是何时说出第一个字的。这多半是因为婴儿起初的发音含糊不清，以至于爸妈容易把它当成与其他的嗯啊小调一样无意义的哼唱。可是，对宝贝而言，如果他在经过千锤百炼后，终于说对了一个字音，可结果却得不到听众的欢呼与鼓励，那么他会觉得很无趣，并有可能把这头一个字搁下几个月都不再说它，也许试着改说别的，甚至会退回无意义的咿咿呀呀，延迟几个月再开口。

为了不错过宝贝最初说话的时刻，最好的办法就是把我们自己的耳朵锻炼得灵敏无比，在孩子开始发出无意义的儿语时，注意听他的发声，设法听出他能发哪些音，还不会发哪些音。一旦养成注意听的习惯，就能在宝贝真正开始说话时给予正向的回馈。

另外，还要多重复或模仿宝贝试着说出的字词。小宝贝们都喜欢被人模仿，这样他会更愿意不断尝试各种发音，进而促使自己提早学会说话。

妈妈腔之妙

当我们和宝贝说话时，总会不自觉地用一种温柔缓慢的语调，殊不知这种说话方式正符合此时宝贝听的习惯。因为这种富有音乐感的说话方式能使宝贝更容易分辨我们话语中不同的字和词，有助于他梳理自己听到的话语，区分词语的起始点，并能帮助他集中情感和注意力。

与其他说话方式相比，宝贝聆听这种语调的声音时会显得更专注，反应更积极。换句话说，这种“妈妈腔”不仅能抚慰和取悦宝贝，而且能更有效地为宝贝做好学习语言的准备。

科学真相 Point

美国西雅图华盛顿大学听语科学研究所所长库耳博士，也特别指出妈妈腔对孩子语言学习的价值：明显地把声音拉长的妈妈腔，会把字词说得更清楚，并加强自己文化中重要的语音线索，比如妈妈会特别加强三声或四声的频率差异如“妈、麻、马、骂”，这样有助于孩子清楚地分辨出声调的差异。库耳博士认为妈妈腔是对宝宝最好的语言提示，孩子会更注意父母发出的声音，这些对大脑的发展和塑形非常重要。

阅读的意义

你知道应该从何时开始给宝贝读书吗？答案是：从他一出生就开始。但是，也许你会问，这么小就给他读书有意义吗？答案当然是肯定的！

形成阅读习惯

尽管直到宝贝3个月大时，为其朗读才会看出一点反应与效果，但是这并不妨碍我们及早开始这一活动。因为这将有助于我们与宝贝之间形成一种有意义的习惯，日后他会觉得读书是件再自然不过的事情，而且这也将留给我们一些与孩子共处的美好时光与回忆。

丰富词汇库

朗读可以更好地丰富宝贝的词汇库。我们的口语中所含的词

汇量其实非常有限，大约只有几百字，而书本中的词汇却是挖掘不尽的。如果爸爸妈妈本身就是少言寡语之人，那么，书本就是再好不过的助手了。

加深对词汇的理解

在长期的聆听中，宝贝会感悟到语言的停顿位置以及正确的语法结构。而且，从我们的大声朗读中，宝贝将有更多的机会理解并模仿所读到的词汇，日后一旦遇到不认识的字词，先前的声音记忆就会出来帮忙。

增加亲子的愉悦感

选择任意一本书来为宝贝朗读，即便是本菜谱、时尚画报都没有关系。宝贝是个非常宽容的学习者，除了他喜欢的童谣外，听听其他内容的书籍也无所谓，只要能听到有人为其朗读他就很高兴了。这样，也能让照顾者从阅读中获得一些自己的乐趣。

|指导小手册|

适合1~2个月婴儿的语言游戏活动

游戏名称	游戏内容	游戏作用
面对面说话	和宝贝说话时，一定要看着他的脸，经常叫他的名字。“苏苏，苏苏，你是妈妈的小宝贝。瞧你长得多可爱啊！小小的眼睛，小小的鼻子，你是妈妈的小宝贝……”	让他注意到你的口形和面部表情，以便他模仿口形，逗他发音。逐渐地，宝宝就会发出应答似的声音来和你“交谈”，这也是增进亲子感情的有效方法。 另外，多叫宝宝的名字可以很好的训练其对特定语言的快速反应能力，并让宝宝知道自己是谁。
听妈妈讲现在的事情	用亲切的声音、变化的语调，跟宝宝讲正在发生的事情，比如对他说“宝宝在摇小铃铛”，“妈妈正给你换尿布呢”等。	这可以让宝宝在情景中逐渐理解语言。
读书、读书、再读书	开始可以给宝贝读些简单的韵文故事，注意此时的插图应以大而简单明快为主，以后逐步读些复杂的韵文，插图也可复杂些。	尽管你看不到宝贝对此有什么明显的反应，但是坚持下去将会对他的语言感知能力及词汇的丰富性等方面大有益处。

适合3~5个月婴儿的语言游戏活动

游戏名称	游戏内容	游戏作用
和宝贝一问一答聊个天	宝宝自主发音时，妈妈要用不同的语调回应他，如亲切的问候、激动的喊叫等，让宝贝分辨这些语调，做出不同反应。	促进宝宝对语言的感知能力。

游戏名称	游戏内容	游戏作用
叙述与解释	利用每一个机会讲解正在发生的事件，外出时，可以给宝贝描绘一下路边的树木、房子的颜色和形状等，还可讲一下你们正坐着车去干什么，以及去超市买什么。	大量高质量的话语最有利于为孩子口头语言的发展做好准备，增加其词汇量；它还有利于孩子将物体、行为与词语联系起来。
拉长发音	当宝贝口中喃喃自语，发出“啊-啊-啊”这样的音时，你可以重复并发出一个标准的a字音“a-a-a-a-a-a”。	这种相互交流有助于语音的形成，你的模仿及标准的示范音则能激化他继续发音的兴致，并能提早学会正确的字母音。

适合6～8个月婴儿的语言游戏活动

游戏名称	游戏内容	游戏作用
游园	多带孩子去公园走走，把看到的花花草草、小鸟小虫的名称讲给他听。	将语言（或声音）与具体事物（如植物）联系在一起，有助于孩子在大脑中产生相关概念。
牙牙学语	宝贝开始牙牙学语时，我们可以像模像样地和他交谈了，你可以偶尔向他咕哝几句，也可以慢慢地吐字清晰地回应他。	牙牙学语是语言能力成熟的前奏，交谈能鼓励他进一步开口，并让他最终学会说话。
逗引发声	可以增加一些游戏的趣味性，比如将脸埋进宝宝胸前、轻轻胳肢他、对着他的小脸轻吹等等，以此感染宝宝并促使其发声。	逗引宝宝有意识模仿，并主动发声。

适合9～12个月婴儿的语言游戏活动

游戏名称	游戏内容	游戏作用
抿一抿	第一次用勺喂宝宝时，宝宝几乎是张口等着将勺中食物“倒”入口中，不会用唇抿食物。所以喂食时，勺放进宝贝口中后，可用食指轻压宝贝的上唇来诱发“抿”的动作，逐渐让他自己抿。	这样可提高婴儿双唇的闭合能力，也能增进大人与婴儿的交流。
舔一舔	让宝贝学你扮个鬼脸，在嘴角涂少许食物让他用舌头舔，发个舌音让宝贝学。	这样可以提高舌头的灵活度，但最重要的是，宝贝可以将食物咀嚼、搅拌后吞下，具有了吃固体食物的能力。
嚼一嚼	吃饭时，可以为宝贝适当地提供一些容易咀嚼的食物，以促进其咀嚼能力的发展，因为如果一直只给他吃流食的话，宝贝就会养成“吃软不吃硬”的习惯。	通过咀嚼可以使宝贝的嘴部肌肉得到充分锻炼，而嘴部肌肉有力与否将直接影响着宝贝的发音质量。
吹一吹	让宝贝模仿你撅起小嘴做吹的动作，他可能只会撅嘴而不会吹，这时我们可以给他示范吹起撕碎的面巾纸、吹动乒乓球、在水中吹动漂浮的小纸船、吹小风车等活动来引导他慢慢掌握如何运气。当宝宝学会吹后，就可以练习吹肥皂泡，这可是“高难度动作”，因为吹泡泡的气流需长而轻，比较难控制。	这样可以锻炼唇部肌肉的控制能力，对语言发展极为重要。

说出来的秘密

虽然宝宝还说不好，但是说的机会是一定要给足的，不然，他的小嘴一罢工，影响的可就不只是几句话了。所以，一定要“严阵以待”。

语言向前进

宝贝开始能将语言和语音衔接起来，是在9个月或10个月大的时候。于是他们知道了家人的名字、宠物的名字、“不要”的意思，也许还学会了几个名词，如“鞋鞋”、“饼饼”。这样日积月累下来，当宝贝年满1岁时，已经平均能理解大约70个字词了，其中大多是名词，诸如人的名称或对象的名称等，另外也能懂几个社交用语，如“嗨”、“再见”。

但是，理解归理解，离会说还有些日子呢。1岁大的宝贝平均还只会说6个字词，还有许多宝贝甚至连一个也说不出来。当然，任何事都有例外，有那极聪明的，会说的字词多达50个。从宝贝开始听懂一些字词，到真正能说出听得懂的字词，通常有5个月的时间差距。知道了这一点，妈妈们下次聚会时，就不要再和别人家的孩子比来比去了，每个孩子的发展进程是不一样的，只要宝贝没有身体或智力上的问题，而且语言环境也不是特别单一，就别太在意宝贝会不会说那几个词了。

宝贝在语言发展方面的趋势多少有点像坐过山车，刚起步时比较慢，但会持续增速，没有多久，就如疾风一般。

确实，在1岁到1岁半期间，宝贝的词汇量呈缓慢增长之势，每个月可以学会三五个词语，如杯杯、鼻子、奶奶、上去、走了……每次学会一个就连着使用几天，然后搁下，又去学新的。

但是，1岁半之后，情形便大为不同了，似乎宝贝陡然成了一个词汇收集库，几乎每天都能说出几个新学会的字，在理解词汇方面则更是快得令人咋舌。然而，奇怪的事情也开始出现。某些天，宝贝又好像突然放弃了这一积极发展的势头，转而改用手势和动作表达自己的想法，独处时也停止了那种自发发音的活动，出现了一个相对的沉默期。不过，父母们不必太担心，因为这一时段非常短暂。用不了多久，宝贝又会重新让嘴巴操练起来。

有人统计过，由于宝贝勤学，到6岁时，除去睡眠时间不计，等于每两个小时学会一个多字。一个6岁大的孩子能听懂的词语多达13000个，但是，他自己能说的远远低于这个数字。

想知道宝贝突然如此勤奋的原因吗？那是因为此时正逢脑发育的冲刺期，而且在1岁1个月至1岁8个月期间，大脑皮质又特意分给语言一大块地方来分辨已知与未知的字词。如此厚待，想不进步都难了。

词从无意到有情

到了1岁左右，大多数宝贝开始会说的第一个词常常是“妈妈”或“爸爸”，没有国界之分，没有地域之别，宝贝们在这一点上是全球相通的。之后，他们的语言发展便开始分道扬镳，朝着各自的母语走去。

不过，这里要清楚一点，“mama”这个音其实早在宝贝八九个月的时候就已会说了，可为什么那个时候不算会说第一个词呢？研究发现，宝贝八九个月时说“mama”跟1岁左右时说“妈妈”有着极大的不同。

八九个月时说“mama”，只是一个好玩的声音，没有什么意义。宝贝在八九个月的时候，我们可以引得他连连叫几声“妈妈”，每到此时，心里的高兴真是难以言表。不过，高兴之余还是要给妈妈们泼点凉水，由于此时宝贝正处于无意识的发音阶段，加之又得到了父母的笑脸、点头和手指的指点，有时候一些父母还会一边指着自己或另一方来教孩子说“爸爸”、“妈妈”，于是宝贝就自然地把形象、声音和模仿三者统合起来，形成了一种条件反射，只要看到爸爸妈妈就会叫出称谓，但这一步可以说完全是机械的条件反射过程。对宝贝来说，还根本不懂得父母双亲的其他更多涵义呢。但是，这却也是宝贝语言入门的第一步了。

巴甫洛夫曾专门做过一个有关条件反射的试验，也就是外界的信号对感官刺激之后发生的反应。

首先，他将一个导管插入狗的口腔，发现每当喂狗时，狗就分泌出唾液；后来他又在喂狗时摇铃，多次反复之后，发现只摇铃而不喂食，狗也会分泌唾液。铃声本来和分泌唾液没有必然的联系，但由于铃声经常伴随进食，因此它便也会引起唾液的分泌了。

第一信号是人和动物相通的。梅子是酸的，吃酸东西会引起唾液的大量分泌，这种经验的积累在人的大脑皮层中形成了条件反射，因此只要看到梅子而不消去吃，唾液已经大量分泌出来了。这就是“望梅止渴”的生理依据。不用说，对于从来没吃过梅子的人，这种反射是无法形成的。

而第二信号就是语言刺激，也就像此时的宝贝一听到“mama”这个词就会跟着模仿一样。

科学真相 Point

婴儿在发出母语的声音时，通常是要有控制地运用嘴唇和喉咙的肌肉。无论是肌肉本身，还是大脑中控制肌肉的区域都需要一些时间来发育，这两者之间的合作是需要在大脑中事先“编好程序”的。完成“编程”这一特殊任务的是位于婴儿左半脑的布罗卡区域。

作为语言功能的“老板”，布罗卡区下命令给运动皮质，让它指挥某些肌肉来实现那些想要发出的语音，比如ba-ba-ma-ma。在宝贝开始牙牙学语之时，位于布罗卡区的神经元就已经开始迅速成长，因为它得保证宝贝在积累了大量词汇之后，能够流畅地把它们说出来。

1岁时说的“妈妈”却是代表了妈妈这个人，是有意义的。这时宝贝开始认识到“发声”不只是好玩的游戏，它还能表示物体、动作，还能把自己的想法表达给妈妈听。更重要的是，宝贝此时再叫“mama”，已明确知道了妈妈就是那个天天喂他吃饭、哄他睡觉、逗他开心的人。因此，这时再叫“mama”，就代表着宝贝认知发展的一个新高度出现了。顺着这个词，他又逐渐注意到大人常常用同一个声音来代表同一个事物，用不同的声音代表不同的事物，因此慢慢地他明白了一件事，那就是用词语可以去代表周围的事物。于是，他知道自己学的词汇越多，就越能说清楚周围的一切。

科学真相 Point

美国坦普尔大学的凯西·赫什帕塞克和美国特拉华大学的罗伯特·戈林科夫，对婴儿如何理解用词造句进行了实证研究。他们让12～15个月大的婴儿看两个有趣的电视图像：一个是一名女子吻钥匙的场景，另一个是女孩吻球的图像，然后婴儿听到说话声：“她在吻钥匙。”赫什帕塞克和戈尼科夫认为：假如只听懂句子的一部分，那他们不会优先看哪一幅图像；假如他们听懂了整个句子，那他们应该会对与画外音相配的图像看的时间长些。实验的结果是，孩子们的确是用更多的时间看着女子吻钥匙的图像。

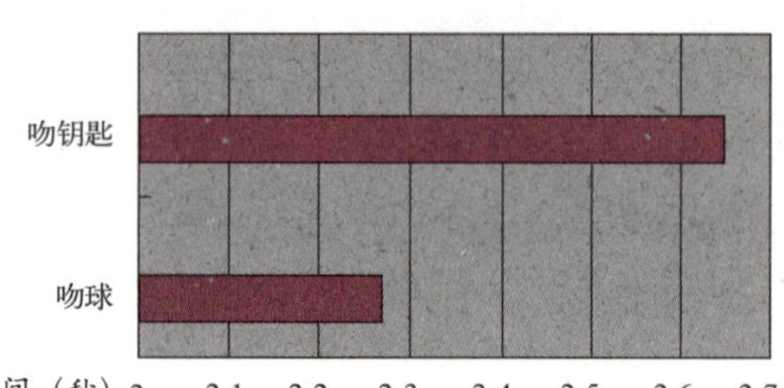

婴儿如何理解用词造句

凯西·赫什帕塞克　罗伯特·戈林科夫《语法的起源：早期语言理解的证据》，美国麻省理工大学出版社，1999年版

|指导小手册|

词汇发展标准

一般18个月左右的婴幼儿能说出20～30个常用的单词，21个月左右能说出100～150个单词，24个月能说出200～300个单词。双词句也在飞速增长，21个月婴幼儿的双词句有60个左右，24个月则有1000个左右。

这个词，我记得

阳光明媚的早晨，闲来无事的妈妈搂着宝贝正沉浸在读图时光中，忽然那个目前只会蹦单个词语的小人儿指着一张图片上的松鼠，清清楚楚地说“松鼠”！这个准确无误的认知令妈妈大吃一惊。一边追问：“咦？宝贝，你怎么知道它是松鼠啊？”一边飞速回忆自己在何时教过他呢？

终于想起两周前曾带他去过动物园，那时自己曾指着一只小松鼠告诉宝贝说那是一只松鼠。可是他自去过动物园后就再未见到或听说过这个词语，如今居然记得如此清晰明白，真不知这个小脑袋是怎么转的。

其实呢，这是因为这个时期宝贝已开始逐渐理解自己还不会说的无语境的单词。当时在动物园，宝贝可能还不会说“松鼠”这个词，但他却把那只用一个奇怪词语描述的、灰色条纹皮毛的小动物默默地记在了心里。之后，随着口腔肌肉运动能力的发展，他一直在等机会再次遇到它，因为到那时他就能毫不费力地脱口而出了。

科学真相 Point

宝贝学习语言这么快，只听到几次就知道它的意义；可成人学习外语时，记单词那么费劲，这是怎么回事？

很多研究者认为，这是因为宝贝会进行简单但非常有效的推理来判断新词的可能意义。例如宝贝听到一个不熟悉的生词“猫”，同时又看到一个不知道名字的动物，那么就判断这个单词就表示这个动物。通过这种推理，宝贝可以排除单词的其他可能意义，迅速发现其正确意义。

另外，宝贝学习语言的过程也不是单纯记诵外来信息，他们是在不变的形象多次反复刺激后，在头脑中产生印象的基础上，再创造性地应用这些信息，并根据应用中的反馈而不断校正的。而那些信息的重复则更能强化宝贝对词语的记忆，因此父母要对诸如“松鼠”之类比较难的词语尽可能地多说，而且说的时候尽可能多地用手指指着说的内容或对象。这样，宝贝会学得更快，印象也会更深刻。

手语、口语都会用

牙牙学语只是宝贝表达自己的方法之一，早在宝贝学会说话前，便知道还有一种声音和语言之外的方法可以让别人明白自己

的意思，这就是肢体语言。

每次宝贝想要什么东西时，总得举手指着，嘴里支吾好半天，妈妈才明白他的意思。天天如此，他越来越不耐烦。这种挫折感不久就驱使他放弃了这种费时费力的肢体动作，而开始不断地操练起嘴巴，把语音和人、物、行为、意愿等尽量综合在一起。所以，如果你仔细观察宝贝一段时间，就会发现他所做的每一个动作其实都含着一些内容。比如，举起双手的意思可能是“我要人抱我。”指着冰箱的意思可能是“我要喝果汁。”

虽然这些是每个一岁的婴儿都会做的手势动作，但是每个孩子所用的方式都是独一无二的。而且你会发现，一个手势动作特别丰富的孩子，他开始说话的时间通常会比其他孩子要早一些。因为他们为了能尽量表达清楚自己的意愿，在不断地动着小脑筋想办法。

因此，当宝贝再指着奶瓶想要喝，结果却只说了一个词——“奶瓶”时，你可千万别急着拿给他，可以再等等，难为他一下，给他留出时间多想想到底还能用什么办法表达得更清楚。总之，能指东西代表宝贝的心智有了很大的进展，值得高兴！

科学真相 Point

亚曼·伍渥德博士的研究旨在调查宝贝对指认东西的了解。宝贝了解指认东西的人和那个东西之间的关系吗？

研究人员在一位8个月大的宝贝面前放了一个球和一只小熊。之后，研究人员多次指着那只熊让宝贝看，直到他厌烦后，测试便进入到第二个阶段，即把两个玩具掉换了一下位置，之后伍渥德博士继续指着换过位置的小熊给宝贝看，但是宝贝仍不感兴趣，他已经不想再看小熊了。直到她指向球时，宝贝才重新有了兴趣，因为她指的是新的物品。宝贝的注意力显示出，他知道重要的不是手而是手所指的东西。

指认东西是人类特有的沟通姿势。人类看到指着东西的手指就知道会看到有趣的事物，因此他们只需看着所指的方向。其他动物，甚至灵长类都无法了解人类指认东西的意义，它们会看着手指，而非手所指的东西。所以指认东西也是人类学习事物名称的一种方法。但光靠指认东西就能让宝贝学会新词汇吗？

科学真相 Point

伍渥德博士打算在另一个实验中探索这个问题。于是她将一位13个月大的宝贝请进了实验室。伍渥德博士给宝贝重复看一个东西，在说出这个物品名称“托马”的同时，目光与手指都一致地指向那个物品。之后，在两个不同的玩具中让宝贝将“托马”找出来，宝贝找得又快又准确。这就是说，宝贝立刻学会了新物品的名称。然后，博士又给宝贝看另一个物品，这次她的手仍指着这个物品，但是却将头扭向别处（不看着物品），同时说出该物品名称。之后再让宝贝找出此物品时，宝贝显得很茫然。这便清楚地告诉我们，要学习新的词汇，宝贝必须同时看到说话者的手指和眼神。

虽然宝贝们的手语运用得很好，但并不像某些流行杂志上说的，在婴儿学会说话前教他们手语有助于提高他们的交流能力，可以减少他们的恐惧感和烦躁情绪。这样的说法缺乏真正的科学依据。成年人应该多花一些时间去关注宝贝已经具有的能力，这样才是更正确的做法。

宝贝的学话小哲学

我们总认为婴幼儿时期的宝贝就像一张白纸，简单得不能再

简单。其实呢，宝贝们奉行的简洁生活却不简单。就比如对词语的掌握，他最初的办法是，应用一切可能的方法加快自己的语言学习，即使说错了也没关系，重要的是“敢说”！（英语学习原则大概就是源自宝贝这里吧）于是，他们充分地应用了诸多连部分成人都不会的分类法、兼并法、替代法、省略法，甚至连电报语都会，这些都可以从他们的用词中寻到踪迹。

生活中你会发现，宝贝在1岁至1岁半期间学说词语时，有时会将词兼并成一个字（学名叫重叠音），如“果果”“球球”“灯灯”……有时又将其替换成另一个发音相近的词（学名叫替代音），如把“哥哥”说成“得得”，有时甚至会为了舌头的便利，连发音都要省略掉一部分（学名叫省略音），如“牛”说成“油”。而在1岁半至2岁期间，又操起了电报语（学名叫双词句），如“妈妈抱抱”、“苹果削”等都是宝贝自己创造语言的最典型的样例，而这一切的终极目标就是先形成沟通再说话，从交流中纠正自己。

想知道他们是如何决定每个词该怎么改造的吗？那我们就用宝贝的奶瓶来说事儿吧——

“奶瓶”是个双音节词，如果单纯用兼并法的话，无论“奶奶”和“瓶瓶”都不能充分表达奶瓶这个完整的概念。但是，由于一直以来奶瓶留给宝贝的印象往往与“奶”、“水”这样的名词、“吃”、“喝”这样的动词及与“饿”、“渴”相关联的词，于是宝贝便聪明地使用了替代法来解决自己的温饱问题，只要他能说出“奶”、“水”、“吃”、“喝”、“饿”这几个字的任意一个，大人们就会把牛奶或热水灌进奶瓶喂给他。

再比如“苹果”这个词，它虽然也是个双音节，但初期却可以用重叠音“果果”来替代，只要自己一说这个词，无论拿来的是“国光”、“富士”还是“金帅”都无所谓，反正味道和形状都差不多，因此宝贝便毫不客气地将其兼并了。

怎么样？我们的宝贝是不是相当聪明？但是请注意！这只是宝贝表达自己想法的第一个阶段。虽然这些叠音的名词，再加上点头、摇头（甚至是转身）和手指的动作。无论如何，爸妈们都会明白宝贝到底想说什么了。可是，问题也就此出现了——当他刚说了一个“奶”字，你立刻知道宝贝饿了，那么接下来你会怎么做？马上把奶瓶拿给他吗？不，正确做法是：站在原地不动，之后问宝贝“你是要什么？”（给他几秒钟想一想），然后再帮他回答，“你是要奶瓶？哦，宝贝要喝牛奶（这两个字音要加重）！”之所以这样做，是扩展宝贝的词汇量。因为下一阶段，宝贝要学习描述事物，这时词汇量加进了形容词和动词，如“亮”、“掉”等等。这些词虽然也是单音节，但它们却是语言发展的一大进步。因为“描述”不但比“表达”更难，而且说明宝贝有了更多的说话欲望，如果没有丰富的词汇量来支持的话，宝贝心里会有多郁闷，你可是体会不到的。

而且，从单一的词语配合手势到连词成句，本来就是一个个台阶，需要我们推着宝贝一步一步地爬上去。比如“苹果掉地上了”这句话，宝贝最初只会说一个“掉”字同时手指床上或地面，之后会说“掉地”，最终才能说出“苹果掉地上了”。在这个过程中，我们就可以一步一步地教宝贝连词成句。

如果，我们只满足于宝贝会说“果果”两字，就裹足不前的话，那么宝贝就会在这种初级阶段上停留许久。

当然，宝贝学语也不是件一蹴而就的事，不可能要求宝贝立即就能学会“苹果掉在地上了”这么长的句子，我们能做的，就是“重复”，多重复几次，这样宝贝就会有听觉印象，知道下一步说话的“目标”是什么。

科学真相 Point

通常认为母亲在幼儿的语言培养过程中起着关键作用，然而一项研究表明，在幼儿最初获得语言能力的过程中，父亲的作用比母亲更大，这可能是因为母亲“说得太多了”。

据德国媒体报道，美国北卡罗莱纳大学的专家是在调查了92个家庭后得出上述结论的。这些家庭的幼儿父母均有稳定的工作，孩子的年龄在2岁到3岁之间。调查的内容是确定这些幼儿所掌握的词汇有多少来自母亲，多少来自父亲。

调查结果显示，虽然母亲在日常生活中与孩子的交流多于父亲，但幼儿通过模仿父亲的话语而掌握的词汇更多。研究还显示，幼儿通过父亲掌握的词汇越多，其语言能力发展得越快。

美国专家认为，幼儿在最初学习语言时能力十分有限，母亲提供的词汇量大大超过了其模仿能力，从而导致孩子将模仿对象转向父亲。不过专家表示，母亲在3岁以上孩子的语言学习过程中起主导作用。

指导小手册

适合12～14个月幼儿的语言游戏活动

游戏名称	游戏内容	游戏作用
参与对话	当你聊天时，千万别忘旁边的小宝贝，要时不时地问他一两句话或请他做点儿事，比如拿个杯子、递报纸……总之，一定要让宝贝感觉到他也是谈话的一分子。	促进宝贝对语言的理解，培养其注意听别人讲话的习惯。
自制图画书	为宝贝准备一个活页夹，把他喜欢的照片或图片塞入其中，这些图片可以让他从报纸或杂志上选取。闲暇时陪宝贝一起翻看，鼓励他说出每样物品的名称，然后再让他为这些物品编个简单的小故事。	制作这样的书能给宝贝一种小主人的感觉，同时还能激发他的创造力呢。

听那是什么声音	跟宝贝散步时，闭上眼睛一起听听身旁都有什么在响。先问问他听都到了什么，再把你所听到的和宝贝说一说，比如：汽车喇叭声、自行车铃声，或者是草丛里的虫鸣声等。	培养听辨能力，了解日常事物。锻炼宝贝的注意力与耐力。

适合15～17个月幼儿的语言游戏活动

游戏名称	游戏内容	游戏作用
家庭影集	将家人的照片制成影集，常和他一起翻看，让他说说拍照片时的活动，比如都有谁，都做了什么等。当姥姥来电话时，让他边听电话边看姥姥的照片，这样可以使其理解常用称呼。	可以让宝贝明白词义与实物的联系。
猜猜看	和宝贝玩一个经典游戏："你猜我看到的是什么东西吗？"（一个人说，我看到一个又圆又大绿色的东西，另外一个人猜"西瓜、皮球"等。）让宝贝也选择一件物品说一说，在你说出正确答案之前，故意先说些不正确的物品名称。	可以促进宝贝语言能力的发展，增加词汇量，提供解决问题的经验。
为什么穿	在给宝贝穿衣服时养成一个习惯，即告诉他为什么会选这件衣服。比如："因为今天天气热，所以我们要穿衬衫。""因为我们要参加一个婚礼，所以我们要穿这件漂亮的外套。"	增加词汇量，理解因果关系（把天气和穿衣服联系起来）。

适合18～20个月幼儿的语言游戏活动

游戏名称	游戏内容	游戏作用
宝贝有信来	每个人都喜欢惊喜，小宝贝也不例外。闲暇时为宝贝做一个小邮箱，定期给他寄几封信，内容可以是单词、图片或小故事等等。在这个别致的小活动中，宝贝会潜移默化地学会很多词汇及语句的。而且，为了以后能自己看信件，他对认字的需求会越来越迫切的。当然，你也可以和宝贝分享一下你收到的邮件，别担心邮件太长或太深奥——这只会延长家长和孩子一起坐着阅读的快乐时光。	发展语言和识字前能力，训练符号意识。
我忘了什么	和宝贝一起唱他最喜欢的儿歌时，故意漏掉其中的一些关键字，让他来补充、纠正。	增加词汇量，加强记忆力。

适合21～24个月幼儿的语言游戏活动

游戏名称	游戏内容	游戏作用
告诉宝贝今天的事	安排一个特殊的时间（如就餐或就寝时），和宝贝谈谈这一天你所做的事物。等他再长大一些时，就可以问问他做了些什么，尽量帮助他回忆。	培养语言技能，增强记忆力，发展社交能力，营造和睦的家庭氛围。
我会认字啦	每天写一个大而漂亮的字，和宝贝一起认一认。可以先从他的名字开始，然后是宠物、兄弟姐妹的名字等。	增强识字前技能，训练辨认符号的能力。
念儿歌	许多儿歌可以帮助宝贝重复练习某些难发的声韵母，而且他们也最喜欢念儿歌。因此，你可以和他一起唱唱类似这样的儿歌：咯咯咯，大母鸡，尖尖嘴巴，毛毛衣，还会生蛋孵小鸡。拼音j和g的发音会得到反复练习。	儿歌能让孩子形象掌握正确发音，感受音韵美。

幸福的碎碎念

虽然宝宝年龄小，可是一张巧嘴却无人能敌，一天24小时，除了睡觉之外从不停歇，很有些“唐僧”的功力啊！

我的语言爆棚了

经过一段长时间的等待与积累，宝贝的语言终于在2岁这一年爆棚了。此时，我们的话对他已不再是“天书”，他不仅能听懂大部分，而且还能利用正在快速增加的超过50个的词汇量开始滔滔不绝了。这一年中，他逐渐从说 2 个或者 3 个单词的电报句（“喝果汁”“妈妈，吃饼干”）转变为可以说四五个甚至 6 个单词的句子（“爸爸，球在哪里？”“洋娃娃坐在我腿上。”）。他也开始使用代词（我、你、我们、他们），理解了“我的”的概念（“我要我的茶杯”“我要见我的妈妈”）。

没有经过任何正式教育，聪明的宝贝在上学之前，仅仅通过听和实践就掌握了很多语法的基本规则。

不仅会说，这个年龄的宝贝已经越来越喜欢听故事了，有了兴致还能模仿几句逗你开心，这充分说明他已经对故事内容理解得很不错了。到了近3岁时，随着语言技能的日渐熟练，宝贝不仅喜欢而且还能为我们唱出许多令他得意的儿歌、童谣。

还有重要的一点，此时宝贝已经轻松地为自己摘掉了“笨嘴拙舌”的帽子，发音越来越稳定和规范。这也仰仗了宝贝大脑语言区域以及发音器官的进一步成熟，因此在发音方面的困难日渐减少，唇音已基本不能再对他形成威胁。不过，凡是需要舌头参

与的音节还是会遇到一点小挫折，尤以舌尖音突出，如“zh、ch、sh、r”等。这说明宝贝的舌头还不够灵活，需要通过吹泡泡、舔勺子之类的小游戏来特别操练一下，情况才能改观。

另一个语言上的小问题是破句现象，也就是说时常会发生说话不流畅、重复等现象，以至于许多家长怀疑自家的宝贝是否口吃，进而严加纠正，甚至慌里慌张地开始四处求医。如此紧张过度，宝贝也深受影响，越纠正越说错，最后弄假成真的也不在少数，语言发展缺陷也很容易在这个时期出现。

其实真正的原因是这一时期宝贝的思维速度往往超过他们说话的速度，说话跟不上思想，想说的东西太多，而刚学会的词汇用起来还很生疏，一下子选不出恰当的词，又心急地想把它说出来，于是就变得说话不连续，表现得犹豫不决或经常重复同一个单词或语句，看似口吃，但对3岁的宝贝来说，这些都是正常而自然的现象。

科学真相 Point

孩子大脑的语言区域是非常忙碌的。在最初的3至5个月期间，婴儿用唇舌的活动发出一些有节律的声音，这样便会使控制嘴脸肌肉的右半脑初级运动神经迅速发育。到了12至18个月的时候，宝贝的发音变得更加准确。开始说话的时候，主要的活动转移到了左脑的相应区域，这个新的运动神经元的活跃区域比较靠近布罗卡语言区。前文曾提到，布罗卡区是负责理解说话声音和清晰发音的重要区域。

布罗卡区的作用是为声音设置程序，并向控制嘴部运动的初级运动皮层的神经元发送相关信息。在2～3岁之间，宝贝的左右布罗卡区的树状突发育是十分迅速的。到4岁的时候，布罗卡区的神经细胞才会形成最终的层次，这时宝贝所发的音才会让别人听清楚。

|指导小手册|

当你家那两三岁大的孩子急切地想把新词与其所代表的物体对号入座时，你只要通过和他说话或者描述这个世界就可以轻而易举地帮助他扩大词汇量。当宝贝向我们提问时，如果我们能给予充分的重视，并热情详细地作答，便能在很大程度上帮助宝贝提高语言使用能力。比如一起去动物园时，可以这样做——

“那是什么？”宝贝问。“你自己先想想。”妈妈并不急于告诉他答案。“大象。”“对。”这一字肯定是对宝贝的鼓励。在此之前，宝贝可能只从书中的插图上看到过大象，现在能把画上的形象同实物联系起来确实不简单。接下来，妈妈可以指着不同笼子里关着的印度象和中国象问宝贝：“你看这两头象一样吗？”“一样。”“有没有不一样的地方？”“有。一大一小。”宝贝的观察非常细致。“对。让我们去看看它们的家乡有什么不一样的地方。”这时，可以把介绍牌上的文字读给宝贝听。“你看这头大象哪里最特别呀？”“鼻子和牙齿都很长！”善于观察的宝贝立刻把发现汇报上来。“那它身上什么最短啊？”妈妈继续诱导宝贝去深入观察和思考。“它的尾巴最短！”看来宝贝的长短概念掌握得很不错。“对啦！那它的鼻子和牙齿为什么那么长呢？”引导宝贝学会深入思考问题。“不知道了。”“你想想，它那么高大，如果长个短鼻子能喝到水吗？”“不能。”……

看，这样参观动物园不是比光看一下或只讲一句“大象多高啊”（有的妈妈甚至还用大象来吓唬不听话的宝贝，这种办法真是有些……这会造成宝贝精神紧张，逛完动物园回家做噩梦！）更有价值吗？实际上也不一定超过了宝贝的接受能力。

语言“退步”了吗

2至4岁这个阶段的宝贝学习词汇句子的速度快得惊人，但是不久就会出现一个有意思的现象。例如说英语的宝贝，以前说

“our box is broken”，后来变成“our box is breaked”。家长不由得有些郁闷，孩子为什么退步了？

实际上，当宝贝出现语法错误时，我们还应该高兴呢！因为这表明他们的大脑逻辑推理能力开始运转了，他们已明白了说话原来也是有某种通则的，于是在试着遵守时错误也就频频闪现了。不过，从那错误百出的语句中，你会发现宝贝的创造力有多么神奇，他们甚至会自己归纳出一些语法规则，并且采用这些不太规则的“创造性”的语言，煞有介事地对你说这说那。

而之前，他能说得一字不差，是因为他正处于“鹦鹉学舌”的模仿期，自然是你怎么说，他怎么学。

说英语的儿童如此，说汉语的宝贝自然也是如此。在这个阶段，宝贝的许多话语常常偏离正确的形式，出现许多错误。例如，妈妈说“你一点儿都不乖”，他就说：“不对，我一点都乖。”这类奇怪的句子表明，宝贝开始使用简单的语法规则了，只不过使用时会犯一些错误。再比如，宝贝看见妈妈在电脑前工作，常常说：“妈妈，你工完作了吗？”“妈妈，你工完作就跟我玩吧。”“妈妈，我吃我的饭，你工你的作。”

心理学家认为，由于儿童的思维是以自我为中心的，即他们不能站在别人的角度考虑问题，因此他们常常会认为别人能理解他们所造的词的意义。

不过，千万不要小看了这些有趣的词汇错误！它们生动地表明，宝贝这个小小探索家，正在积极使用已拥有的词汇，并努力创造新的词汇，来努力和周围的人交流思想感情。

|指导小手册|

随之而来的一个问题是，应该如何纠正宝贝的这些语法错误呢？

研究表明，家长的最佳应对之策就是用正确的语法修正宝贝所说的句子。要注意的是，即使宝贝一遍又一遍地听到正确的句子，说出来的仍有可能是个错误的句子。别急，并且千万不能说“不对，要这样说”（这句话说多了对宝贝的小心灵有很大的伤害，反会使他变得沉默寡言），请放松心态继续轻描淡写地重复那个正确句子就可以了，也许宝贝表现得心不在焉，但他的的确确在听着、学着那个句子。

“十万个为什么”诞生了

生活中，如果有人总是不停地向你问这问那，而你又必须解释的话，我们一定会疯掉的。但是，生活中，也有那么一种人却是极有耐心地坚持了下去，这就是妈妈。当宝贝长到两三岁时，他忽然意识到这个世界原来那么广阔，有那么多让他好奇却又不理解的事情。于是，他开始不断地缠着妈妈给他答案，为他解释。通常，他最爱用两种方式提问：一般疑问句和特殊疑问句。

对于一般疑问句，妈妈还觉得很好应付，因为那是个只需要用一个词就能回答的问题。例如，“这个人是女人吗？”这是个不错的问题，说明宝贝开始具备推理能力了。因此，如果这个阶段妈妈能够反其道而行之，即经常使用一般疑问句和宝贝说话，那么宝贝就会受其影响而学着提出更多类似的问题。于是，就在相互间的一问一答中，对话慢慢展开，变长，持续不断。而这，正是宝贝最需要的。比如，一天傍晚，妈妈带着宝贝外出散步，从不闲着的宝贝提出了一个问题。

“这是什么地方？”

“修理自行车的铺子。”

“门口那是什么？”宝贝指着连着气泵的打气筒问。

“你指的是什么？”妈妈并不是真的不知道，但她要趁机训练宝贝的描述能力，所以故意装傻。

“就是有长长的胶皮管连到屋里去的。”看来宝贝很能抓住最关键的特征。

“那是打气筒。”

“打气筒？是做什么用的？”

“打气筒就是给自行车打气的。咱们家的自行车轮胎里面是空的，就像你玩的气球（这是宝贝所熟悉的一个玩具），得打足气才鼓起来，那样才能骑啊！”妈妈不失时机地讲解。

“为什么打气筒能打气呢？”

“道理和你用嘴吹气球差不多。那个胶皮管连到屋里的一个机器上，机器一开，气就吹过来了。不过这要等你长大了上学了才能全懂。”

注意到了吗？宝贝在这场对话中，已经从“这是什么”进步到了“这是为什么”。知道这意味着什么吗？这意味着宝贝的思维已发生了极大的飞跃，他已经不满足于他的视觉所能观察到的外貌，而要开始探求看不见的内在世界了。

当然，宝贝迎来了他的特殊疑问句“为什么”时期，更应该是件高兴的事儿。但是，对妈妈来说却也是一种折磨的开始。回答“为什么”这类问题，会让我们在短短10秒钟内绞尽脑汁，来解释人类很难回答的问题，比如“蜈蚣为什么长了那么脚？”“树为什么是直的？”“太阳为什么不下来？”……听到这样的问题，恐怕能让妈妈想到的唯一一个词就是“崩溃”！

另外，除了要应付宝贝那没完没了的“十万个为什么”之外，妈妈还需要头脑清晰地分析他“这是什么”这个疑问句背后的含义。因为宝贝们凭着自己的聪明才智，在使用这个问题时还为其赋予了一些别的含义。

比如，宝贝明明认识、也会说“雪糕”，可是在路上看到卖雪糕的或者别人吃雪糕的，却偏要多问一句：“这是什么？”

这样的明知故问，妈妈岂会不知：这个小家伙是想吃雪糕，不好意思开口提要求，于是在绕着弯子“启发”妈妈呢。（其实，这时候的宝贝不但会说“雪糕”，而且也会说“我想吃雪糕”或“给我买雪糕”了。）

用这样一个完整的问句委婉地表达自己的要求，简直可以写进修辞学著作或者列入外交词典了。由此可见，宝贝的思维和语言能力是多么有潜力！

如何回答宝贝的“十万个为什么”

方法一：用宝贝能理解的话回答。

其实，有时候宝贝问问题的本意并不是非要知道事情的来龙去脉，他只希望通过提问能和你进行交流，所以只要用适合他年龄的话回答就好。比如，宝贝问：“天为什么是蓝的？”妈妈答：“是因为在所有的颜色里，天空最喜欢蓝色了。”

方法二：用启发式的反问，让他自问自答。

对简单的问题不妨试着反问回去，引导他多问自己“是什么、为什么”。带着疑问探究，能使宝贝获得提问和解惑的乐趣，激发求知欲。比如，宝贝问：“打气筒是做什么用的？”妈妈答："你觉得打气筒能做什么呢？"

方法三：用研究的方式回答。

对待特别难回答的问题，可以退一步。比如，宝贝问："蜈蚣为什么有那么多条腿？"妈妈答："我也正在考虑这个问题，等我弄清楚再告诉你好吗？"之后最好和他一起查资料，深入浅出地解释。

方法四：坦率承认自己不知道。

我们都知道，有些问题根本无法向宝贝讲述清楚，那就别太钻牛角尖了。可直接说不知道，他会理解的，或者借此鼓励他自己找答案来教你，还能激发他学习呢。比如，宝贝问："我能变成小猫吗？"妈妈答："这个问题问得很好，不过妈妈也不知道，等你长大学了许多本领之后再来告诉妈妈好吗？"

温馨提示

宝贝喜欢问大量的为什么时，千万别表现出厌烦或没有耐心的样子。打断宝贝会让他觉得问问题不好，慢慢他就懒得再思考了。如此一来，宝贝的观察和思考能力就会直线下降，有问题时也不敢问了。另外，还可以根据自己的专业来传授孩子一些知识。比如有一位妈妈是个气象专家，为了工作，她搜集了很多云图，闲暇时会教孩子认云图玩，因此宝贝很早就能辨别和说出各种云的名称。

每一位家长都有自己的职业和专长，为什么不利用这一条件让孩子在某些方面多懂些知识呢？

全新阅读，有方法

暖暖的午后，沉沉的夜晚，阴阴的雨天……搂着宝贝共读一本书，那是多么的温馨啊！于我们自己，那是回归童年的美丽；于宝贝，那是幸福、舒适的学语时刻。

研究显示，父母在读书给幼儿听的时候下的工夫越多，所获得的成效也就越好。在2岁大的幼儿中，很早就开始持续听父母读故事的孩子，其语言技能是很少甚至从不听父母读故事的孩子所无法比拟的，这种领先的表现将会一直持续到小学以后。这是因为故事书可以增加幼儿的词汇量，而且父母总以故事内容为题和幼儿对话，也刺激了孩子学说话的欲望。专家们尤其推崇一种名为“对话式阅读”的阅读方式，也就是鼓励孩子在听故事的时候积极发表意见、回答问题、添加叙述。这一方法对提高宝贝的语言表达能力及理解能力效果极佳。

与你的孩子一起看书

宝贝对图书的兴趣有如过山车，热情与冷漠交相更替：这个星期他几乎像着了魔似的缠着我们给他读故事，而到了下个星期就可能将书丢在一边，说什么都不愿意多看它一眼。很显然，当宝贝的“厌书期”来临时，如果试图强迫他继续读下去，结果将会让他视书为仇敌，适得其反。不过，很多聪明的家长还是能够想出许多巧办法来刺激那个小家伙就范的。比如，有家长说：“我们全家每次吃过晚饭都会坐下来看半小时的书。家里特意准备了两把摇椅，一把就是给孩子的。我在每把摇椅旁边都放上一堆书。一开始，宝贝坐在他自己的摇椅上翻着书看，过不了一会儿，他就会爬上我的膝头，让我给他读故事。这是一天之中最令人快乐的时光。”

“宝宝已经有好长时间不看书了，于是我开始试着让他对翻看图片产生兴趣。我把挂在墙上的家庭照片、商场的广告册、T恤衫上的图片杂志上的图片甚至婴儿尿布包

装盒上的婴儿照片都一一指给他看。我不知道是否只是巧合，反正他又开始喜欢看书了。”

“凯凯大多数时间都忙得没工夫坐下来看书，而她最喜欢的是配对游戏。于是，我就从她的书里找了许多现实生活中的用品，比如书里有一幅汽车的图片，我就去把她的玩具汽车拿来让她配对。我们用这个办法让凯凯配齐了书中出现的刷子、玩具熊、鞋或者汤匙等物品。希望过段时间，她会对翻看这些图片感兴趣，进而知道她所看到的东西叫什么。”

为幼儿读书

和宝贝一起看书虽说是一段温馨时光，但他总是要求我们一遍又一遍地为他读同一个故事，却也是件考量我们耐心的事。

其实，这和宝贝的生理心理发育有关。由于宝贝的各种经验都极为有限，他自己能掌控的事物实在是少之又少。好不容易清楚了一个故事的来龙去脉，妈妈一说上半段，他就已经知道了下半段的结果，这个小小的主控感真是让他欣喜万分。因此，他会不厌其烦地求妈妈为他读下去，读下去……

当然，除去宝贝的这一心理动向不说，对他来说，坐在父母温暖的怀抱中翻看着那一页页彩色的图画，除了享受阅读的快乐，还能获得一种安全与被爱的感觉，这一点也正是宝贝幼年时最需要的。而且，这也是在向宝贝表明阅读是一件快乐的事情——毕竟，可以和你紧挨着坐在一起，听到你那令他深感安慰的声音，他的心会慢慢地平静下来，情绪也越来越安定。这些对宝贝免疫系统和倾听技能的发展是极为有益的。

如果从认知角度讲，我们经常给宝贝读书还有助于提高他的识字能力呢。而且，朗读虽是件很简单的事，但是能让宝贝从大量的听读经验中逐渐理解并学会词语的组合。

科学真相 | Point

新近的研究结果证明，婴儿在家中识字机会的多少将对他今后作为学龄儿童所需具备的语言能力产生直接的影响。事实上，在一项对一组2岁儿童的调查研究过程中，研究人员发现，儿童的日常言语行为很大部分是在读书时间进行的。

因此，如果你已养成给宝贝读书的习惯，那么现在就可以投入更多的时间，而且应该再增加一些内容更多、更复杂的故事书。相反，如果和宝贝一起阅读对你而言还是个新生事物，那么现在就应该踊跃去做了。

给孩子读书的方法

在给宝贝念书时一定要集中精力，别让其他的事情打扰你们。如果你一会儿去接电话，一会儿去熄灭灶火，一会儿又去处理其他家务事，就会破坏你与孩子一起读书的亲密气氛。就好像你和一个朋友在一起聊天，对方一会儿打电话，一会儿去洗手间，你还有谈话的兴致吗？当然，在现代这种忙碌的生活节奏里，多数家庭里想找到一段不受干扰的时间确实不易，但是我们仍然可以试着把日常的家务放一下，与宝贝一起读读书。许多有过亲身体会的父母都一致认为，一旦养成了这样的读书习惯，这种读书式的休息便成为一天中最轻松、最愉快的时间。

另外，在给宝贝读故事时，是不是读得很仔细并不是最重要的。实际上，宝贝感兴趣的是图画，我们的任务是以宝贝能懂的方式向其解说那些图画，读书对他们来说就像做游戏一样。他拿着书，往往希望能够自己动手向前或向后一页一页地翻书，然后把书合起来，再重新打开去看同一幅图画。知道这是在做什么吗？顺序！宝贝正在试着理解顺序感呢。所以，当宝贝想拿书翻着玩时，你可以顺便让其和书本玩个捉迷藏游戏。不妨对他说："小猫躲在哪里了？""灰太狼藏在了什么地方呢？"

许多学步期的宝贝都是从这种捉迷藏式的阅读开始的，到最后，他就能主动识别和叫出书中的角色，并指着某张图片自豪而确定地告诉我们上面是什么。但是，也许有时宝贝对书中的某页并没什么特别的反应，这个时候，我们或许可以和这个小家伙开个小小的玩笑逗逗他。比如故意把一个东西说成另一个相似的东西。“我看到一只老鼠，”爸爸指着图画上的一头牛说道。“是‘哞哞’。”孩子坚持自己的观点，一边因爸爸犯的错误咯咯地笑个不停。爸爸可以接着说：“哦，对了！那是一头‘哞哞’。这头‘哞哞’在吃草。”这样，宝贝的阅读注意力又被我们的“诡计”给巧妙地拉了回来。

除了引导宝贝阅读一些正版的图画书外，我们还可以带着宝贝利用废旧图书剪剪贴贴，按照自己的想象编几个小故事。阅读着自己做的书，看着丰富多彩的画面，自己来讲故事，通过这一过程，宝贝享受到的又是另一番快乐。

电视是祸害

电视几乎成了我们生活的必需品，但请注意，这只是对成人而言，绝不要把幼小的宝贝算进去。详细地说就是，即便你早已被那个缠人的小家伙弄得筋疲力竭，也千万不要希冀用电视来让他安静下来。

不知从什么时候起，我们发现宝贝们已初步懂得“欣赏”，会主动注意电视画面。在1岁时，他看到有趣的画面还懂得笑两声，或者跟着音乐手舞足蹈。再过不久，他就已经会自己开关电视了。更过分的是，到2岁的时候，他已然能坐在小板凳上看完整整一部动画片而没有喊累！而3岁时，他甚至已经开始对电视节目

挑三拣四，而且常常霸占着遥控器找自己喜欢的频道看，高兴了还会跟着电视哼唱几句，做几个卡通形象的动作，等等。

这种种迹象表明，宝贝对电视来者不拒！可是，电视会善待宝贝吗？它会影响宝贝的健康、发育和认知能力吗？究竟该不该让他看电视呢？答案是：绝不要让3岁以前的宝贝看电视！

电视是孩子语言发展的绊脚石！

由于现代社会的快节奏，许多父母忙于工作，几乎没有什么时间陪宝贝多聊几句。为了能给其创造一个听的环境，无奈之下便想到了电视，里面同样有人声，而且可以长说不息，岂不是一个最棒的语言老师吗？想法虽好，结果却是令人伤心的。据英国《每日邮报》报道，研究表明，经常开着电视——即使电视没人看也开着，可能会对儿童的语言功能发育不利。

而且，许多实例也都表明，那些由电视陪伴长大的小宝贝们的语言表达能力十分有限，专注力也不强；而且性格内向，不爱跟小朋友玩，喜欢自言自语，但又话不成句，很难让别人了解他的需要，只会以哭喊和手势表达意愿。

科学真相 Point

比较行为学之父肯拉特·Z.罗伦兹博士对此分析说，人在出生之后6个月内的学习经验（光和声音的学习经验）会成为日后成长期行动的基础。如果让婴儿太早接受过强的光及声音的刺激，那么他们的大脑会只对机械的声音产生反应，对母亲和其他亲人的声音反而没有反应了。

也就是说，电视是机械的声音，人则是肉体的声音，两者是不一样的。而小婴儿的听辨能力却是超一流的，他会很轻易地加以区别，并逐渐习惯于自己常听到的那个声音，所以如果总听电视声音，也就意味着他对人的声音相对麻木，这也是其无法正常学习语言的原因。

此外，肯拉特 · Z. 罗伦兹还认为电视对头脑尚在发育的小宝贝，尤其是0岁、1岁、2岁这几个阶段的小宝贝，会产生完全的破坏作用。

电视会剥夺宝贝的思考力，因为看电视需要的只是宝贝的被动注意力，他们在看电视的认知学习中会变得不再爱动脑筋。沉迷于电视的孩子在生活中缺乏主动性，对电视的过度关注让他们忽略自己的玩具和小朋友，只想守在电视机前看那些并不适合他们的节目，不愿意和其他人交流，从而出现“电视自闭症”。

科学真相 Point

研究人员研究了329名年龄介于2个月和4岁之间的儿童，用数字录音机记录下他们听到或说过的东西。

美国华盛顿大学医学院儿科首席研究员迪米特里 · 克里斯塔基斯教授说，“这个研究第一次表明，当电视打开时，电视转移了父母和孩子的注意力，他们之间的谈话交流就减少了。这时婴儿发声较少，并且照顾婴儿的人跟他们说话也少了。”“成人每小时约说941个字。我们研究发现，当儿童专注于电视时，对于父母跟他们说的话几乎是完全忽视的。”

根据记录结果，和电视或者DVD长时间接触并不能改善语言能力，电视实际上减少了婴儿所听到的声音和所说出的文字，因此也影响了他们学习语言的过程。

美国西雅图华盛顿大学的研究显示，通过针对孩子观看DVD所设计的实验发现，每天都观看DVD影音的婴儿，比完全不看DVD的同龄孩子理解的单字平均少6～8个；17%看DVD的宝宝比不看的宝宝语言判断能力差；没有证据显示看DVD对孩子的发展有任何帮助。

研究学者们推论，现在孩子们越来越常见的注意力缺陷过动症，可能是因为语言学习上的迟缓或语言缺陷所致。

另外，这也是因为电视互动与人的互动截然不同！爸妈在与宝宝讲话时，会用抑扬顿挫的妈妈腔，语法和声调都比正常说话简单，采用很多叠字“车车”、“杯杯”；但是你很少看到儿童节目会用妈妈腔呈现吧！

电视＝No learning！

难道孩子对着电视目不转睛，竟然完全没把语言学进去吗？整天播放语音影像，难道不能让孩子学会更多语言吗？

答案是肯定的。因为宝贝在学语时期需要的是真人互动。仔细观察，每个宝宝看电视时几乎都会爬到屏幕前，很专心地看着电视中的影像，但是电视影像与声音对大脑来说，完全没有学习或储藏的作用！

学习语言的另一个前提，是要有“真人”陪他们学习。有人在身边，宝贝会比较兴奋，人的动作与语言都会让宝贝将注意力集中在此人身上。

易伤眼！

哄孩子是个脑力兼体力的活儿，为了能让自己放松一些，很多爸爸妈妈能想到的最简单的解决办法就是抱着宝贝，或将摇篮放在身边一起看电视。既娱乐自己，又能让宝贝安静下来，岂不是两全其美的事？

然而，这其中忽略了一个细节，在家庭中很难调整适合幼儿的室内光线、收看距离和角度。而婴幼期的宝贝眼肌调节能力是极差的，对于电视光线时强时弱、快速的、跳跃式的变化很难适应，容易造成眼角膜、晶体及视网膜等损伤，时间长了，近视、远视和斜视等视力问题便会凸显出来。

此外，宝贝在看电视时，又特别喜欢那些闪动频繁、颜色刺激性强的画面。比如那些色彩艳丽的广告播出时，很少有人能成功地把这些小家伙们从电视机前拉走。所以，与其时时为此伤神，还不如干脆让这些3岁以下的宝贝晚些知道电视为何物的好！

易成肥胖宝宝！

有的宝宝喜欢边看电视边吃饭，家长也发现这样他会比较老实，便干脆让他一边看一边吃，有时候甚至特意在宝宝吃饭时打开电视机。宝宝的心思全在电视上，往往不知道什么时候肚子饱了，会吃得过多，导致肥胖；同时，这样也会影响宝宝的消化，造成胃肠功能紊乱。

科学真相 Point

《美国小儿医学期刊》的调查报告指出：电视可能会过度刺激幼童脑部，改变他们发育中的大脑结构。研究发现，婴幼儿通常会被电视影像“催眠和迷惑”；新生婴儿的大脑在最初两三年的发展非常快速，因此很容易受到影响而被“重新编程”。看电视时间越长的婴幼儿越容易出现注意力不集中、行为冲动和焦躁不安的问题，而且更容易思想混乱。

无独有偶，日本小儿科学会最近公布的调查结果表明，2岁以下的婴幼儿看电视的时间越长，语言表达能力越弱。每天看电视超过4个小时的婴幼儿，其语言发育程度和表达能力要大大低于不看电视的婴幼儿。即使婴幼儿不直接看电视，家庭成员特别是母亲看电视也同样影响婴幼儿的语言发育。婴幼儿是在同父母的情感交流中感受语言，学习语言的，家长看电视的时间过长，就会减少同孩子的直接交流和接触，影响他们的语言发育。

因此，日本小儿科学会建议：不要让2岁以下的婴幼儿过多看电视；在哺乳和进餐期间关掉电视机；不要在婴幼儿居住的房间里摆放电视机。

✤ |指导小手册|

尽管我们知道了电视对幼小的宝贝有着千般危害，但是如果对你而言，与电视完全隔绝似乎是个不可能完成的任务，那么你能做的就只有让这些伤害降到最低点。因此，请你记住一些关键词吧：

1. 食物。多吃含维生素A的食物，如：动物肝脏、蛋类、奶油和鱼肝油等。

2. 距离。与电视保持距离。眼睛距离屏幕一般以屏幕对角线的4～6倍为宜；电视机荧光屏的中心位置，应略低于宝宝的视线或与视线等高，以免眼睛疲劳。

3. 亮度。光线太亮会使瞳孔缩小，使调节神经紧张。但是也不能关灯看电视，荧光屏的亮度和周围的黑暗反差太大，更容易伤眼。最好安装一个8瓦左右的电灯，与电视屏幕相对应。

4. 音量。控制电视的音量。婴幼儿的听觉器官十分娇嫩，长期听过大的声响，会麻痹孩子的听觉，降低孩子听力的灵敏度。

5. 控制权。遥控器一定要牢牢地掌握在我们的手中。3岁以前，每周只能允许孩子看两次电视，每次不超过15分钟。

6. 时间。看电视的时间不要定在饭后，宝宝吃饱了坐着不动会导致肥胖。睡觉前不要看电视，以免宝宝的大脑受到刺激，入睡困难。

7. 陪伴。陪宝贝一起看电视。在看的过程中，启发他思考，随时做宝贝的百科全书，帮他解答各种问题；看后，就观看内容提几个小问题，借此提高宝贝的观察力、注意力和记忆力。

● 语言发展的规律

从默不作声到能说会道，如果不细细体会宝贝的这个说话过程，它恐怕会如流星般划过我们的记忆。但是，如果为他们写份成长记录，才会发现一路下来，竟有着那么多的变化与不同。

0～3个月：简单音节阶段

此时宝贝的发音是从反射性发声开始的，哭叫是宝贝第一个月的主要发音。在这个月内，宝贝学会了调节哭叫声的音长、音量和音高，能用几种不同的哭叫声来表示他们不舒服、叫人来或要吃奶等不同要求。

因此，如果妈妈能对3个月以内的宝贝给予频繁的语言刺激，就能够增加他的发音概率。宝贝的许多非自控性发音，特别是长时间的连续发音，往往都是在妈妈的逗引下发生的。

4～8个月：连续音节阶段

大概从4个月起，宝贝的发音增加了很多重复的、连续的音节。6个月之后，宝贝开始有近似词的发音，有的音开始具有某种意义。当他独自玩的时候，或对妈妈的逗弄做出反应的时候，都会操练起那些更接近说话的声音。

因此，爸爸妈妈每天应分别与宝贝讲讲话，这样不仅能让宝贝听到不同的话语声，而且还能近距离观察大人们讲话时的口舌运动，以便模仿发音。注意说话时要声音柔和，并运用不同的语调，最好伴以夸张一点的手势，这样更便于宝贝记忆。例如说“再见”时每次都是挥挥小手，而不是抓抓小手或勾勾手指，这样宝贝才能辨认并学会这些词。

9～12个月：学话萌芽阶段

这一阶段宝贝所发出的不同的连续音节明显增加，近似词的发音也越来越多，并且开始真正理解大人们的语言了。比如问他“妈妈在哪里”，宝贝能把目光或头转

向妈妈或用手指向妈妈。在这一阶段，婴儿已可以理解大约230个词，如“走”、“看”等。

因此，当宝贝试着学习一种新语音时，一定要及时给予鼓励。当然宝贝第一次尝试发的新语音也许并不准确，妈妈可以用多种形式示范正确发音，但切忌用“不对”来否定！这会打消宝贝说话的积极性。

1岁～1岁半：单词句阶段

此阶段，宝贝常用一个单词表达一个句子。比如，“妈妈”这个词常反映多种意思：让妈妈抱，要吃东西，要某玩具等。所以妈妈此时又多了一重身份，即宝贝的翻译官。

因此，扩大宝贝的词汇量是妈妈此时的主要工作。要注意，在让宝贝掌握新词汇时，要使用简短的话语，别让大量多余的语言淹没了要教的新词。可以变换句中的其他成分，但一定要突出所教的词。如名词“球”，妈妈可以说“这是球，海洋球馆里到处是球，有红色的球、白色的球、蓝色的球……宝宝快接住这个球！……”在说“球”这个单词时，要加重语气，予以突出强调，这种频繁、夸张的刺激，可以使孩子较快地掌握这个单词。

1岁半～2岁：双词句阶段

此阶段，宝贝的说话积极性非常高，出现了“词语爆炸现象”，应该是宝贝掌握词语的第一个关键期。

因此，我们要主动把所有宝贝感兴趣的东西都不厌其烦地说出来，可以结合图片、图书、电视、电影、参观、浏览等进行。

2岁～2岁半：初步掌握口语阶段

此时，宝贝能用3～5个单词组成的句子来与人交谈。因此，要让宝贝多看、多听、多说、多练。

2岁半～3岁：目标口语初步发展阶段

此时，宝贝的词汇量迅速增加，对新词极感兴趣。开始会用人称代词。逐渐喜欢听故事，并能理解故事的简单情节，对文学语言也非常感兴趣，并且愿意模仿。一个故事往往可以不厌其烦地听数遍。能说出完整的句子，但是说话还不太流畅，表达常有“破句现象”。

因此，可以让宝贝把听过的故事复述出来，复述的可以是一个优美的词或一个句子。要让婴宝贝反复听，反复说，甚至也可以用表演的方式来帮助宝贝再现作品的有关内容。

|指导小手册|

适合24～30个月幼儿的语言游戏活动

游戏名称	游戏内容	游戏作用
听词拍拍手	任选一个词组，让宝贝听见能吃的东西拍拍小手。比如：香蕉、青蛙、饼干、绿色、面条…	可促进宝贝对所学词语的巩固和形象记忆，训练他的反应能力。
打电话	带宝贝外出时，装着互相打电话，发出电话铃声，当他应答时，问他看到了什么，问他目的地是哪里。如：“你在商店里干什么？你喜欢去商店吗？”	增加词汇量，锻炼对话能力，激发想象力。
猜猜吃什么	吃饭前让宝贝做一个猜谜游戏。比如：今天我们要吃的菜是圆圆的、红红的、酸酸甜甜的，你猜是什么？	刺激宝贝的说话欲望，还锻炼了推理能力。
我会认字呢	在宝贝的玩具、用品上把名称贴上去，比如把“熊”字绑在玩具熊上，每次宝贝抱着玩耍时，就可以先握着他的小手大声教他指读。多看多念，他便会逐渐明白字是有代表性的。	通过实物理解事物。

游戏名称	游戏内容	游戏作用
阅读起步	带宝贝去书店翻翻各种书刊。让他观察读者看书时的表情，从中知道书里有故事，大家都爱看。让宝贝感受一下有很多书的氛围。再选本画报，轻声讲给他听时可以拿起他的小手边讲边指，相关图片、文字用重音突出。如读“小马在吃草。”在“马”字与其图片上多停留。在购买时还可记得要按着宝贝此时的阅读特点来选择：喜欢重复的字句（如儿歌），看些他所熟悉的事物的图书，听点简单有趣的故事，如《拔萝卜》等。另外，由于宝贝的视力尚未发育完全，主要是两眼焦距的成熟度不够，所以给他看的东西一定要大而简单。如果文字太小，不仅看得很吃力，最终还会伤害到眼睛。	可以培养阅读兴趣。

适合31～36个月幼儿的游语言戏活动

游戏名称	游戏内容	游戏作用
与字捉迷藏	在给宝贝念完他最喜欢的故事后，回到故事的开头，让他自己随便说个认识的字，然后在书中找寻找这个字，看看一共能找到多少个。	提高识字技能。
我们来演戏	和宝贝玩一些具有简单情景的表演游戏。如用无毒颜料把他扮成某动物，用桌布、手套（做熊掌用）等做道具，可以一起表演一下某个动画片的片段。	有利于增强宝贝的记忆力及表达能力。
跳	和孩子玩跳与听的游戏。先听一些以声母“g”开头的字，如果冻、果酱、罐、果汁等，告诉孩子仔细听你念这些以“g”开头的字，但是当他听到“跳”字的时候就要做跳跃动作。也可以用其他一些动作，如单脚跳、跑、跺或拍手做此类游戏。	提高听辨能力。

游戏名称	游戏内容	游戏作用
造句	找些小猫、鱼、萝卜、兔子等相关联的图片。你先说“兔子吃了一根萝卜”，并拿出相应图片，然后让宝贝模仿着也造几个句子。	能提升想象力、逻辑思维及语言能力。
生活小故事	幼儿眼中的一切都有生命，因此可用身边的任何东西为他编故事。小手套要去旅行；炒锅弟弟生气地冒烟了；扫把小姐还好吗？慢慢孩子也会说。	可以提高宝贝的想象力。
宝贝讲故事	挑一个宝贝最喜欢的小故事，你先读一遍，然后让宝贝“读”给你听。不必要求他非得说对每一个单词，他只需要利用图画作为线索或复述一下就可以。当他讲不下去时，你可以用问题来提示他。	提高记忆力及表述能力。
城市ABC	与宝贝逛街时，让他带着自己的汉字卡片，在路牌、商店标牌、公告栏甚至在杂货店等寻找相匹配的汉字。看看一共可以找到多少呢？	提高汉字辨认和记忆能力。
自言自语	自言自语是儿童语言发展的必经阶段。2～3岁孩子常常会同书、玩具讲话，你不必参与，更不要讥笑他，就让他沉浸在自言自语中体会言语的乐趣。	提高分类和语言的技能。

Part 7

身体的密码

宝贝善于运用身体表达他的想法和感觉吗？他能否运用双手灵巧地生产或改造事物？他的平衡、敏捷、力量、弹性和速度，以及由触觉引起的能力都很好吗？这一切都是自发的吗？

原来如此运动

人的身体就像一棵倒着生长的树，基本都是按照从中间向周边、从上向下的路线发育成长——而在这一过程中，“运动”如何起到关键性作用呢？

子宫，是个运动场

胎动，就是胎儿在运动！但是，他是从何时开始运动的呢？

怀孕后第18周的某天，当你正摸着肚子纳闷着它的静悄悄时，突然手上一阵轻微的震颤，下腹部好像被撞了一下似的，就像有什么东西正在你的子宫壁上运动。是的，胎宝贝动了。接着，他又动了一下！这对你而言大概是个值得永远记忆的时刻。其实呢，在此之前的很长一段日子里胎宝贝就已经开始运动了。

话说你才怀孕第6周时，还只是个胚胎的宝贝全身仅有8毫米长，即便如此，那微小的肌肉就已经开始扭动了。

8周大时，胎宝贝已然初具人形，可以区分出头、面、颈、躯干及四肢了。于是他开始从全身运动转为了单肢运动，每次只动一只胳膊或一条腿，而且通常都是右边胳膊或小腿的动作比左侧的多。这可是胎宝贝健康发育的一大进步呢，因为这证明了他的脊柱神经已经发育得足够长，大脑发出的信息已能传递到肌肉上，并指挥肌肉进行收缩或舒张。

到了10周大时，胎宝贝的肢体运动更是精细到了能够让手指也动一动，而且还能缓缓将其移到自己的脸上摸一摸。

到了5个月时，他已可以顺利地吸吮自己的拇指玩了。

其实，除了这些小动作之外，胎儿的本事多得出乎我们的意料，小到吮手指、握拳、吞咽、睁眼闭眼，大至打哈欠、伸展四肢、转身、翻跟斗等，真是多种多样。应该说，早在妈妈们能感觉到胎儿运动以前，他就已经在忙活着做健身操了，大概是在为出生后的日子做准备吧。

胎宝贝的运动最高峰在怀孕的中期前后，那时宝贝就像吃了生长魔豆一般迅速长大，子宫内的空间变得拥挤不堪，运动这档子事也就只好暂停了。但是值得注意的是，有些不由自主的动作已开始受到高层脑部中枢的控制。

怀孕期的后半段开始出现比较精细的动作，有的动作是宝贝在子宫外求生存必需的。例如，胎宝贝长到大约第27周时就已能持续“呼吸”，吸吮与吞咽的功能将在第28周达到协调。但是要想将吸吮、吞咽、呼吸三个动作统合在一起，还得等到第33周。因此，通常一个不满33周的早产儿是不会吸奶瓶的，这大概就是因为腹中的整套操练还未完成，就匆忙地出来看这花花世界了。

忙碌的胎动并不只是闲着没事乱动，他们正在让自己的肌肉得到足够的强化，以求能获得一个健壮的身体来应对外界的风风雨雨。所以，如此推算下来的话，刚出生的宝贝虽然少不更事，但却早已进行了七八个月的运动练习了。

科学真相 Point

实验已经证明，用超声波观察胎儿，在妈妈的肚子旁用声音刺激（如摇拨浪鼓）或光照，均会引起胎宝贝的反应。胎儿起先会惊跳，随着刺激次数增加，他的运动减弱，胎宝贝对反复的刺激将慢慢地习惯。如果父亲经常对着妈妈的大肚子呼唤“宝宝”，胎宝贝也会引起反应，脸转向父亲。实际上，运动从胎内就已开始，而且会有规律地进行。

胎宝贝那丰富多彩的各种运动有着很多目的，运动本身对肌肉骨骼的生长和发育，以及对脑内神经细胞的生长是必需的。脑内神经细胞的扩展使臂和腿发育成长，运动可帮助其发育，运动也使未来的神经通路及分支得到发育。由于神经的发育使手的控制能力加强，如果妨碍任何一个部分运动，都会出现关节僵硬、肌肉和神经衰弱、骨骼发育不全等情况。因此，父母所感觉到的胎儿运动（胎动）对宝贝的发育至关重要。

指导小手册

在胎宝贝运动的过程中，爸爸妈妈如果能和他一起动起来的话，不仅能让胎宝贝在妈妈的肚子里发育得更健康，也有利于他出生后运动能力的发展。下面，为大家介绍一种韵律操：

孕妈妈和胎宝贝的韵律操开始啦！

首先，孕妈妈呈仰卧状，头部不要垫高，放段轻缓的音乐，让全身尽量放松。

然后，孕妈妈用双手抚摸胎儿，从上向下，从左向右，反复10次。然后再用食指或中指轻轻触摸胎儿，再放松，轻轻抚摸几下。

韵律操的注意事项：

1. 时间要固定：可以选择晚上9时至10时胎宝贝活动频繁的时候做，每次锻炼时间5～10分钟，这样还能提前培养胎宝贝的时间感；2.循序渐进：开始每周3次，以后按胎宝贝的反应情况逐渐增多；3. 出现宫缩或临产的孕妈妈就不要再做此类体操了。

温馨提示

如果这一韵律操由爸爸来做的话，那么它的意义可就是双重的。其一，能让胎宝贝体会到男性的力量和父亲的爱抚；其二，爸爸对妈妈的爱护及关心，会使妈妈的身心更愉悦，进而也会影响到腹中的宝贝。

这样的韵律操需要持之以恒，也许开始的两个星期中，胎宝贝没有明显的反应，但是随着时间的推移，胎宝贝就会与父母配合，做出明显的反应。如果感觉到胎宝贝有了轻柔的动作反应，则说明他很喜欢，可以继续进行。但是，如果感觉胎宝贝剧烈地蹬踢挥拳，就说明他不高兴、不舒服，韵律操就可以暂时停止了。不过，当胎宝贝不高兴地发起脾气时，妈妈可以轻轻摸摸宝贝的头部，他会很快安静下来的。

反射运动，原来如此

当我们把手指轻轻放进那只超级迷你的小手中时，会发现小宝贝立刻紧抓不放。他那样用力地攥着我们的手指，以至于我们能轻而易举地把他整个人拉坐起来。这可是新生宝贝的独门绝技，人称“抓握反射”，一般在出生3个月后消失。

但是，对你而言，你会觉得这个才出生几小时的小人儿居然已懂得对人依依不舍了，因此，看着那只嫩嫩的小胖手紧紧地抓住爸爸的大手，那番温情足以让爸爸这个大男人流泪！所以，就让他沉浸在这样的亲情里吧！可千万别告诉他那只是新生宝贝的一种生理反射，只是个非常自然且行之有效的自我保护行为，并没有多少感情成分在里面。

科学真相 | Point

儿科神经和脑发展学的专家佛罗里安·埃南博士从进化生理学的角度探讨了反射行为的来源和意义。他说：“我们可以想象一下，抓握反射是早在远祖的时候就被训练形成的，新生儿紧紧地抓住妈妈的皮毛，以防摔下来。”当光线过强时，眼皮会不由自主地闭上以保护我们的眼睛。这个信号传递到脑干，而没有到达更高一级的考虑和处理问题的脑皮层。如果要传到那里，我们就来不及闭眼了。有些条件反射，例如碰到热的炉台我们会迅速地把手抽回，这一动作甚至连脑干都不用经过，只是脊柱神经批准一下就已完成了。

而抓握反射则不同，它是脑干一手导演的结果。如果有什么碰到了新生宝贝的手掌心，那里的触觉感应器就会立刻由脊柱神经发出一个电子信号到脑干。脑干则马上给控制手指肌肉的脊柱神经发回一个信号，告诉它攥住那个触摸他的手指。触觉感应让他们自动地握紧拳头。如果这种条件反射的能力不自动消失，那么新生的宝贝就有可能无法用手去认识周边的环境了，因为他完全控制不了自己的手。

还有很多反射行为也是为了保住性命而作出的。比如当小宝贝的嘴接触到母亲温热的皮肤时，他会急切地开始寻找母亲的乳头，伴随这个觅食反射而来的就是吮吸和吞咽的行为了。如果宝贝不努力学习吮吸和下咽，那么在他掌握这些动作之前，可就有性命之忧了。

所有这些听上去似乎很简单，但事实上里面包含了极其复杂的过程，尤其是嘬奶头的动作，是与呼吸的控制分不开的。控制好这一系列的动作就是脑干的职责。但即使是健康的新生儿，也需要几天的时间来适应和练习。

科学真相 | Point

乔治·巴特沃斯和布莱恩·霍普金斯在观察胎儿出生前的一个典型动作时有一个惊人的发现：胎儿会将手拿到嘴边。一开始他们认为这只是胎儿的一个偶然性的动作。但继续观察之后，他们发现新生儿会把手拿到嘴边，引人注目的是，手还没有到嘴边的时候，他们的嘴就已经张开了！小宝贝嘴边的肌肉一定是事先得到了一个

让它们做好准备的信号。嘴巴等待手指的这一动作预示了新生儿将来能够完成带有目的性的动作。

研究人员在观察的过程中还惊异地发现，当新生儿把自己的手指送向嘴边时，他们通常没有觅食反射，但如果其他人试图触摸他的脸颊，就会有觅食反射发生。菲利普·罗沙特在1998年的观察中证实了这点，同时又指出，新生儿的这种条件反射应该算是最早的区分自己和他人身体的能力，也是区分自己与非自己的一个初级阶段。

但是这些反射动作不能一直保留下去。当大脑的力量强大到足够接管这些任务时，先天具有的反射也就可以功成身退了。

|指导小手册|

现已识别的早期反射多达70种。如前所述，有些会持续不断地用到暮年，而有些却如朝露，只发生在新生儿时期，会在宝贝一岁之内随着脑皮层对脑干的逐步控制而渐渐消失。其中较常见的反射大约有7种：

最有想象力的反射——吞咽反射

用手指触碰宝贝的嘴边，甚至向他轻轻吹口气，都会看到他马上作出一个吞咽的动作，即使他根本就没吃到任何东西！

这证明他真的可以自己吃饭了！会吞咽可是个了不起的本领，它证明宝贝可以靠自己的力量吸吮奶水了！

最有力量的反射——抬头反射

将宝贝的双脚固定在台子上，拉着他的前臂，朝自己的方向慢慢将其拉起，检查宝贝肌肉的张力如何。这时，宝贝的腰部和脖子会直起来，能够保持几秒钟的抬头姿势。

宝贝的这种抬头反射很快就会消失。等到他3个月的时候，他会重新抬起头来。这次，是宝宝真正学会抬头了。

最受欢迎的反射——觅食反射

如果轻轻挠挠宝贝的一边嘴角或者脸蛋，他就会朝那边转过头来，而且会将嘴巴张得大大的，寻找能放入口的食物源，像极了嗷嗷待哺的雏鸟。

当你想让宝宝正确地找到乳头的时候，或者想给他照一张标准的侧面像的时候，这个反射可是非常有用的！

当婴宝贝长大到3～4个月的时候，已会用哭这种动静更大的方式来召唤大人给他喂奶了，这种觅食反射便会慢慢消失。

最会骗人的反射——踏步反射

如果把宝贝竖着抱起来，并以拇指扶住其头部背侧使婴儿直立，然后把他的脚放在平面上，宝贝便会做出迈步的动作。如果在他的前方放置一个硬的障碍物，他还会抬起脚，好像要迈过去似的。足月产的宝宝这种自动迈步是用脚掌进行的，早产儿也有此反射，但往往是脚尖着地。

这大概是新生宝贝所具有的反射中最令人印象深刻的一种。看到自家的小人儿居然像模像样地迈出了几步，你可能觉得难以置信。他应该要到1岁左右才能学会走路，然而，现在他真的是在迈步！

这种反射一般在宝贝出生后6周左右就会消失。如果出生后没有迈步的反射，也不要惊慌，这可能是由于他在子宫里蜷曲的姿势保持得太久，所以在出生后的几天中，他在伸展身体时会有困难，或感到疼痛。

这种“走步”行为为什么会消失？宝贝努力锻炼各项肌肉的最终目标不是要走吗？

原因是宝贝在出生后的头几周内体脂肪迅速增加，两腿变重了，力量却没有增强，所以根本抬不起腿来。按统计，体形粗壮——体重相对超过身高的婴儿比略瘦的婴儿提早“丧失”踏步反射。

尽管如此，还是有许多“类走”的形式存在着。比如宝贝醒来躺着的时候最爱的消遣之一——蹬腿，也包含相同模式的肌肉活化与关节运动。蹬腿和踏步不同的是，不需要宝贝对抗地心引力就能轻易把胖腿提起来。大约在3个月的时候，宝贝开始热衷于蹬腿运动，4～7个月是高峰期，一直到满一岁又逐渐消灭，而一岁也是开始真正走出第一步的时候。

最有趣的反射——巴宾斯基反射

刚出生不过4个月的宝贝怕痒吗？可以用一根小棍子试一下，当你由宝贝的脚跟慢慢向前轻划直到他的脚底外侧缘时，会看到他的拇趾缓缓上跷，其余各趾呈扇形张开，然后再蜷曲起来。

出现此反射是因为宝贝的中枢神经通路（锥体束及大脑皮层）还不成熟。如果没有反射，可就需要去看看医生了。

该反射约在6～18个月期间逐渐消失，但在睡眠或昏迷中仍可能出现。

最具警觉性的反射——拥抱反射

我们都曾做过一些恶作剧，例如突然跳出来吓友人一跳，趁其不备再猛拍他一下，等等。如果和宝贝也玩一玩呢？比如用手托住宝贝的头、背部，使其呈斜卧位，躯干与床面呈30度角，然后将手突然移开。这时，宝贝会大幅度伸展四肢，然后马上又缩回，小胳膊紧紧抱在胸前，小腿也蜷缩起来，而且还会哭闹。这种姿势像是在进行自我保护，又像是在呼救。用力拍一下宝贝的床垫，也会引起此反射。

正常情况下，这种拥抱反射在宝宝3个月以后就看不到了。取而代之的是，宝宝会作出成年人受惊吓时的反应。

此反射在出生后3个月内表现明显，6个月后完全消失。

温馨提示

产科医生会在宝宝出生后的几个小时内检查新生儿的早期反射。这种早期反射检查可以评估宝贝的成熟性，筛查他是否有神经系统方面的异常或者大脑障碍。

身体运动的秩序

我们的身体就像一棵倒着生长的树，不出什么意外的话，基本都是按照从中间向周边，从上向下的路线发育成长。

先长好躯干，之后逐渐向外围进发。这是因为颈部和躯干的肌肉大多由“先锋官”——脑干内的运动神经控制，而四肢肌肉则受坐镇的“最高级别长官”大脑皮质内的运动神经领导。按照领导总是最后才露面的规律来说，“最高级别长官”大脑皮质最后才能发育好并开始行使权力（大脑的发展顺序是从后向前生长），所以宝贝最先能控制的是躯干和头部的肌肉——先能够维持身体的姿态，之后才能指挥自己的四肢和双手动作，这再自然不过了。

之后，肌肉从头开始发育，一直到脚为止。这就是为什么宝贝都是先能控制头和脸的动作（微笑、动嘴的表情等），然后才有手臂的动作（伸手够物、自主的抓握），之后才有腿的动作（爬、走）。

在这个生长过程中，大脑中有一个默默无闻的奉献者对宝贝的肢体运动发展起着重要的制约作用。它就是小脑。

别看小脑貌不惊人，又皱又小的一团，住得也比较偏僻——位于大脑的后部，在大脑皮质下面，脑干的后面。但是，谁都想不到这个小不点儿的权力却是不容小觑的。它在神经系统中发挥着空中交通控管中心的作用，内部有着密到极点的神经元网格。别看它只有整体脑部结构的十分之一大小，但是其中神经元之多却占了全脑的半数。

这个小不点儿每时每刻都在接收着负责肌肉运动的“CEO”和各种感觉——视觉、听觉、平稳、本体感等分片儿“长官们”发给它的信息：“运动长官”告知它自己正打算做什么动作，各种感觉的“长官”也将其正在做的是什么动作逐一汇报。勤劳的

“小脑同志”将收集来的所有信息作出比较、协调之后，再将命令发出去，使命令更符合打算做的动作，并确保各个动作按计划进行而不至于彼此干扰。

所以，如果哪方面没有发育或协调好，宝贝的肢体运动就会出现问题。比如倘若宝贝的视力出了问题，那么他就会因为看不见有趣的人与物，而减少了发展运动技能的动机。而由于欠缺探索事物的动机，又没有视力来导引手的动作，宝贝伸手够抓的动作也会开始得晚。

所以，如果宝贝想要做些什么复杂的动作——将不同形状的木块嵌入盒内、以笔画圆圈、学骑三轮脚踏车等，都不是小脑自己一相情愿就可以协调其他兄弟帮忙完成的，它得等大家都发育良好才可以做到。因此，一切都需要按部就班地来。

科学真相 Point

有一种简单的方法可以测知宝贝大脑皮质神经的早期发展状况。用稍尖的物体（如筷子）挠宝贝的脚底，宝贝的脚趾会张开或向上伸展。这种反应会大约持续到宝贝满4个月的时候，此反应被称为“巴宾斯基现象”。之后的反应会截然相反，脚底被挠时脚趾向下蜷曲。如果宝贝到了半岁左右仍有巴宾斯基现象，就是神经发育迟缓的征兆。

指导小手册

近来非常提倡让小宝贝仰睡，因为这种睡姿可以减少宝贝猝死的发生。但是，总是这么仰面躺着的话，宝贝的背肌和颈肌却又得不到锻炼了。怎么办？到底是仰睡还是俯睡？答案是：仰睡！但是，宝贝醒着的时候就要让他多趴会儿了。这样，为了视

线更敞亮，他就得使劲让头抬起来，颈部及后背肌肉就会收紧，从而达到了锻炼的目的。

还有一个办法就是，改抱为背！因为背着的婴儿必须以较多的肌肉运动来维持身体平衡与头部挺直，前庭器官和本体感觉——两者均有助于肌肉运动发展。

行走的哲学

锻炼宝贝行走的动作可以促进他神经系统的发育。不仅如此，我们还可以通过观察宝贝走路的姿势看出他是否健康，此外，还可以通过走姿来窥得宝贝的性格与处事态度。

成长的奇迹

“软软的一团”，看着那个刚刚来到世界上的小人儿，大概这是第一个跳入脑海中的词句吧。什么时候他才能依靠自己的力量坐起来，走出去和我们一起在晨晖中、夕阳下散步呢？一想到那个情景就让人感动。可是，当思绪再次回到床上的那个小人儿时，才明白过来，一切都要慢慢来……

0～3个月

从出生到出生后3个月这个时段里，宝贝的身体动作虽然缓慢，但却透着一种坚毅。他的每一个动作虽然都看似有些挣扎，可其中却蕴含着一股力量：生长的力量。

俯卧：新生的宝贝在俯卧时，屈肌紧张成一团，双手双脚蜷曲在还稍显瘦弱的身子下面，头稍稍偏向一边。你若是不碰他，他会那样静静地待好久，仿佛在积攒力气。随着宝贝的成长，3个月时，同样的动作宝贝已然做得颇有样子了。首先是肘部支点发生了变化，会凭借着它们向前移动身子，给肩膀以有力的支撑。腹肌和背肌也能够协调配合运动了，尤其是那颗骄傲的小脑袋，可以在中线抬起90度，这一动作简直就是挺胸和坐的前奏。

仰卧：刚刚出生的宝贝在仰卧时，虽然屈肌仍旧处于紧张状态，但比俯卧时要松弛得多。只要给自己一些力量，身体就可以向两侧转动一点。仰卧的一个优势是可以让小手有机会发展一些动作，所以我们经常能够看到宝贝在仰卧时做些手握拳的动作或当头转动时将拳头放入嘴里等动作。一旦长到3个月大，宝贝就能凭着之前的锻炼，顺利地从握拳发展到握物，手与嘴接触，并企图把他看到的任何东西都抓过来。

坐姿：坐，对新生的宝贝来说可是个高难度的动作，几乎不可能完成。即使到了1～2个月，坐起来时身体依旧是完全屈曲的，小脑袋无力地耷拉在胸前。只要一松手，那个小小的身体就会左右倾倒，那是因为身体还不能控制头部。即使到了3个月时，情况也只是稍有好转，坐着时背呈弧形，头可以抬起几秒钟，虽说确实有些短暂，但却是很重要的一步，因为那意味着人体脊柱的第一个弯曲——颈曲开始形成！

站姿：3个月以内的宝贝还无法站立，因为大脑还没有把力量分配到他的脚、髋和膝部上。所以，当我们扶着宝贝的腰部试图让他站一站时，他总会很无奈地呈松弛的屈曲状态，几乎没有一点站的意思。

|指导小手册|

抬头小训练

1. 看向两边：别让宝贝总保持一侧的俯卧姿势，只向一侧观看，应引导他多向两边看。

2. 俯卧抬头：在宝贝出生十几天后，可以每天在两次喂奶间隔中，让他俯卧一会儿，此时床面应尽量硬一些，可以用玩具在一边逗引他抬头。注意时间不要太长，以免累着小家伙。

3. 坐位竖头：当宝贝满月后，可以让他脸朝外在父母的一只前臂上坐片刻，使其头与背都靠在父母的前胸，然后再用另一只手揽住宝贝的胸部，这样不但能促使宝贝将头竖起，还能让他看到更多新奇的东西，对他的视觉发展也是极有帮助的。但是，时间一定不要太长，因为这时宝贝的脊柱还不足以支撑竖直坐立姿势。

4. 竖抱抬头：每次宝贝吃饱喝足之后，就可以把他竖抱起来，让他的小脑袋轻轻靠在你的肩上，之后轻轻扶着宝贝的头部让其自然立直片刻，这样可以让颈部肌肉得到一些锻炼。每天训练4～5次，便可以促进宝宝早日抬头的能力。不过，在训练前，最好能轻拍几下他的背部，以防刚吃下去的奶汁溢出来。

温馨提示

许多妈妈外出时都会把宝贝放在一个名为“背袋”的东西里，不过使用时请注意一点，由于背袋会使宝贝保持垂直姿势，这对婴儿的脊柱来说是一个不小的挑战，因为垂直姿势会使脊柱受蹾压和扭曲。要知道9个月大的婴儿才能垂直竖立呢。因此，一定要谨慎使用！

4～6个月

俯卧：宝贝在4个月时已能双手支撑着俯卧了，由于双手的参与，平衡的掌握也就更容易。于是他开始尝试将身体的重量更多地放到一侧，以便腾出一只手去够自己喜欢的东西，我们做事总是先有愿望之后才有动力，对这个小小的婴儿来说，希望依仗自己的力量去拿到喜欢的东西其实就是下一步爬行的动力。

仰卧：宝贝长大到4个月时，尽管仰躺在那里，但是眼睛却已不用只是被动地盯着天花板了，他可以自行转动180度，这样能看到的东西更多了。此外，他躺在那里再也不是个安静的乖宝贝，几乎一刻不停地要用那两只小脚又蹬又踹，再伴上手的又抓又握，以证明他在锻炼，为日后的行走打基础。

这样的运动果然是有效的。到了5～6个月时，宝贝的小手、

小腿和小脚就已能同时运动，手的抓握运动更进一步，双手都可以拿着玩具往嘴里放了。当手、脚、嘴能够协调一致时，宝贝又练就了一套新工夫——翻身。

坐姿：4个月的时候我们还得扶着他坐，但是两个月后情况就有了变化，把他单独放在那里，会发现他已能勉强坐住了，只是没一会儿胖胖的身体就开始向前倾去，如果你不是急着去扶正他的话，就会发现宝贝已经懂得调动两手去支撑自己了，而这时也正是脊柱下部后突并向下延伸的时间，第二个弯曲——腰曲开始形成。

6个月至6个半月的时候，宝贝终于能够独自坐在那儿了，只是一旦倾倒，就无法让自己再坐起来。不过宝贝这个独自稳坐的姿态已能明确地告诉我们，他的骨骼发育神经系统、肌肉协调能力等发育已渐渐趋于成熟。当然，此时宝贝的颈部发育也慢慢稳定了下来。

站姿：4个月时，扶宝贝站的时候，如果试着慢慢松手，会发现宝贝的脚已能够稍微支撑片刻。这真是一个有希望的开始，似乎离一起散步的那个愿望越来越近了。5个月时的发展速度更是喜人，扶着他站立时，他居然可以使劲地跳跃了，而且脚尖着地，脚也能够放平了。6个月时再看这个小人儿吧，很逗乐的形象，双脚几乎是用足了力气扎在地面上。由于脚部太过用力，以至于颈部长长地伸向了前方，远远看着很像个小逗号。但是，这可是宝贝生长的一个里程碑，他终于从一个平躺的人逐渐过渡到直立的人，他终于站了起来！

|指导小手册|

翻身小训练

翻身主要是训练宝贝的脊柱和腰背部肌肉的力量，让宝贝的身体更灵活。此外，一朝翻身之后，宝贝的视野从此也更为广

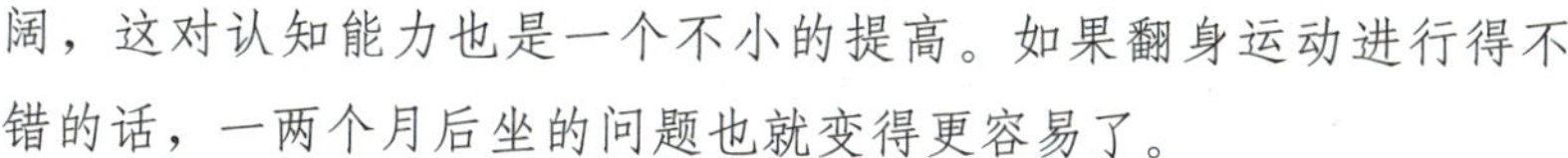

阔，这对认知能力也是一个不小的提高。如果翻身运动进行得不错的话，一两个月后坐的问题也就变得更容易了。

1. 由仰卧翻向侧卧：先把一个有趣可爱的玩具放在宝贝的左侧，之后把他的右腿放在左腿上，将他的一只手放在胸腹之间，妈妈用手托住宝贝一侧的手臂和背部，缓慢推向另一侧，使其侧卧。宝贝是很聪明的，只要重复几次这个动作，然后稍稍把他的腿放好，再用玩具哄逗一番，宝贝就能自己成功翻转。注意，逗引的玩具要两侧均匀使用，以使宝贝的左右两侧身体都能得到锻炼。

2. 由俯卧翻到仰卧：让宝贝俯卧，拿一个他喜欢的小玩具在宝贝头上慢慢移动，吸引他随着玩具翻动身体。如果宝贝成功了，一定要记得把玩具当成奖品鼓励他一番哟。

7～9个月

宝贝长到7个月之后，最令他骄傲的一个本事就是可以娴熟地掌握平衡了。有了这一保证，他才开始有进一步研究新本事的可能性，比如爬、爬着晃动身体、扭腰转动身体以及手部动作等。总之，身体就像挣脱了捆绑，一定要全力施展才好。

10～12个月

宝贝在学会站立之前，要有腿部力量的准备。四肢支撑着爬这一动作就是在为腿部和上肢注入力量。若爬行时宝贝仅以腹部和膝部支撑着在原地打转，说明上下肢的力量还不足以支持他实现爬的愿望。有些宝贝的爬则更为有趣，就像倒车一样总是向后退，这也是一种力量不济的表现。如果想进一步检验宝贝的腿部力量，还可以试试让他做个单腿下跪的动作，这可是颇有难度的一个动作，不仅需要力量支持，还得具有良好的平衡能力。如果这一切宝贝都没有问题的话，10个月时，宝贝就可以真正地站起来了！而到11个月或12个月时，他还能够扶着家具像小螃蟹一样走路——横着走。当然，用不了多久他就开始向前迈步了。

|指导小手册|

1.扶物拿取：把一个玩具放在椅子上，吸引宝贝爬到椅子旁，用手臂扶着椅子跪立起来去拿取。

2.爬过山洞：爬行不仅可以提高大脑指挥肌肉的协调能力，还可以扩大宝贝的视野范围，对大脑发育和语言发展都有促进作用。因此可以多为宝贝设计一些有趣的爬行游戏，比如“爬过山洞”——找几个大纸箱修饰一番，让其变身为宝贝的山洞，在洞口处堆放几个枕头，让他攀越，上上下下、里里外外的爬越过程一定会令宝贝格外开心。为了提高他的爬越兴趣，还可以给他一个滚动的小球，让他跟踪追击。

3.踢球游戏：不仅可以增强宝贝的腿部力量，还对脑的平衡功能有促进作用。试着在距宝贝脚的3～5厘米处放个漂亮的花皮球，吸引宝贝试踢。如果能把皮球踢得滚来滚去，宝贝一定会产生小小的成就感。此外，这个小游戏还可以促进眼、足、脑的协调发展，同时还为孩子建立了球形物体能滚动的认知。

1岁以后

15～18个月时，宝贝的身体运动技能多得几乎令人眼花，他会单脚站、走、跑、上下楼梯、跳等。最重要的是，他终于可以陪你一起去散步了。远远地，一高一矮两个身影慢慢走着，此时你一定感觉充满了温馨与快乐。

|指导小手册|

1.伸展身体：洗澡时可以趁机帮宝贝好好活动一下他的小身体，比如用浴巾轻轻按压他的膝盖内侧、手、脚等部位，这样将使婴儿各关节更灵活。

2.随步行走：在轻快的音乐中，让宝贝踩在爸爸的脚背上，然后抓好他的手，边走边有节奏地说：“左脚、右脚，一二一。”带着宝贝前后左右走走转转。让他从中感受一下迈步的节奏，便于模仿。

3.弯腰蹲起：此时的宝贝很愿意帮妈妈“干活”，那我们何不趁机好好利用一下这个小劳力呢？就把那些散落在四处的报纸、玩具等杂物让宝贝去收拾吧。可以对他说：帮妈妈把那张报纸捡起来，好吗？这样做的目的当然不是为了占未成年儿童的便宜，只是想锻炼一下宝贝的腰部及下肢力量罢了。

坐与骨骼的亲密关系

生长规律，这是一个最难以言说的话题。它是自然界给我们编定的人类科学史上最为严密、科学的密码。每一个步骤都是为着下一个阶段在做铺垫，而且只有一次，擅自更改了，其结果就是无法恢复的存在。所以，即使科技如同疯长的草一般日日更新，唯独这些隐形的生长密码不敢碰触，更不敢违逆。就比如宝贝的学坐过程，它需要的是大脑发育和身体肌肉成熟度的支持，容不得你擅自提前它的进程。

还记得民间的那句育儿俗语“三翻六坐七滚八爬”吗？简单的几个字便将宝贝的生长阶段总结清楚了。

当宝贝3个月时，他的主要任务就是学习翻身，而不是坐。如果将这个顺序颠倒过来呢？结果只有一个——伤身。因为3个月时的宝贝骨骼非常柔软，含钙量比成年人少很多，作为人体中轴的脊柱同样甚为柔软，不具备成人特有的4个生理弯曲，几乎是直的，肌肉缺乏力量，根本无法完成坐的任务。即使到了6个月的学坐阶段，也不能让其长时间坐着。那样的话，宝贝的脊柱负担加重，就会引起变形，发生驼背或脊柱侧弯，不仅会影响宝贝的身形外观和活动功能，甚至影响到内脏器官发育。

科学真相 Point

加拿大的研究人员对一岁以下的婴幼儿进行了为期10年的调查后发现，一个月以内的小婴儿坐时突发死亡的几率比大婴儿

（6个月）高4～7倍。所以新生儿采取坐姿时必须小心谨慎，以免发生意外。

在学坐期间还要注意，千万别让宝贝采取跪姿，使两腿形成“W”状或将两腿压在屁股下，那样很容易影响宝贝的腿部发育，最好的姿势是双腿交叉向前盘坐。

此外，有些宝贝坐着时会产生背脊突出的情形，这可能说明宝贝太瘦了。但如果发现背脊突出处有皮肤颜色异常的状况，小心一点还是有必要的。

|指导小手册|

一般来说，在宝贝4个月左右时，可用手支撑宝贝的背部、腰部，让他维持短暂的坐姿。但是在做这一动作之前，先为宝贝做个小测试会更可靠一些，即把仰卧的宝贝拉坐起来，看看他的头是否后仰。如马上前伸，表示颈部肌肉有力，就可以和他玩一些拉坐游戏了。但如果向后仰去，那么为了保护宝贝的大脑，此类活动最好推迟几周再进行。

温馨提示

当宝贝会坐的时候，也就意味着多了一层危险，此时最经常发生的事故就是宝贝因为动作过大而从床上摔下去。所以切不可让他独自坐在床上，最好将宝贝坐的空间用护栏围起来，并放置一些玩具让他更愿意坐起来。

爬与行走

走与爬孰轻孰重？恐怕许多爸爸妈妈会更看重“走”一些，认为那应该是身体运动发展的终极目标。因此“爬”就多少有些受冷落，而且还以为宝贝如不经过爬而直接会走定是意味着自家的孩子不同寻常，聪慧非凡。

其实呢，在生长发育这件事上，“快”绝不是件好事情。那个看似可以不计的“爬”对宝贝的大脑发育及身体发展可是至关重要的，因为爬可以帮助大脑加强对手、足、眼的运动神经的调控能力。

有研究资料显示：会爬、早爬与多爬的宝贝，其动作的灵敏度及协调性都要好于少爬的宝贝。而且，一个充满爬行欲望的宝贝，应该说更是个求知欲极强的小家伙。因为他太想探索周围的世界了，所以就要不断驱使着小胳膊小腿爬过去，爬过去……相对地，如果宝贝不喜欢爬来爬去，那么他的世界便很窄小，接触的事物少，其结果就是反应迟钝、情绪低落、协调性差、不爱接触新鲜事物。心理上如此，生理也会受到不少影响。光学权威专家分析说：“小眼镜”之所以越来越多，与他们婴儿时的爬行不足而学步太早有关。因为一个小婴儿的视力发育尚不健全，通过爬，他可以把离地面较近的东西看得更清楚；相反，如果走路太早，因为视觉发育还未跟上脚步，宝贝还看不清较远的景物，就会努力调整眼睛的屈光度和焦距来注视景物，这样会对他娇嫩的眼睛产生疲劳性损伤。

因此，爬这一看似简单的动作却对宝贝的眼睛、手部及脑部协调的发展影响重大。爬得好以及喜欢爬的宝贝，其认知力、看图识字、语音构成与发声能力及日后行走、跑步的平稳程度都要好于迟爬或少爬的宝贝。

科学真相 Point

雷蒙达德人类研究所研究发现，原始民族中，允许婴儿自由地在地上爬行的民族比严格限制婴儿爬行的民族的文化或技术水平要高。心理学家W.温格的研究也同样指出，在印第安诸民族中，允许婴儿在地上自由爬行的民族智力商数比较高。美国医生丹普尔等人还联合倡导一种被动爬行模式。他们认为，爬行需要四肢和大脑的充分协调，是一种非常好的外界信息刺激，对开发孩子的智力有明显的效果。

爬——使大脑更聪明

在爬行对大脑的帮助中，最受益的是“中脑”先生。它是脑干的一个重要机构成员，拥有视觉反射中枢与听觉反射中枢。它会把看到听到的外界信息上传给大脑，之后再把大脑的指令传达下去。当爬行丰富了视听范围后，中脑受到的刺激、收到的信息自然随之增多。于是，“中脑”一下子变得阅历丰富起来。它传给大脑的信息越来越多，大脑自然也就变得越来越聪明了。

爬——提高了宝贝的平衡能力

除了“中脑”先生有所获益外，“小脑”同志也跟着沾光不少。前面我们曾说过，小脑负责的工作之一是主管人体运动平衡能力，而爬则把身体四肢全部调动了起来。抬手抬腿的间隔中，对于平衡与反应的要求可是极高的，因此，“爬”自然是促进脑神经系统发展的最好运动。每一次的学习与实践都是对大脑积极的调动与激发。

爬——让宝贝更有信心去探索

从安全角度讲，在宝贝的四肢还不是很强壮时，与走相比，爬是非常安全的一种运动。宝贝可以放心大胆地往前爬，而不用担心自己的小屁股被摔青摔肿，或者干脆失了信心，放弃了探索世界的初衷。

"爬"——能让"走"更稳健

从父母们最为看重的"走"来说，如果宝贝爬得多而好，那么其实也是在为用脚走路打好基础。因为0岁宝贝脚的大拇趾是往上翻的，而爬行时会将脚的大拇趾贴在地上，所以爬行的时间越多，脚趾的使用就越多，也就越强韧。此外，在爬行当中，大腿是外旋的，这样可以帮助宝贝学习以后步行时的正确姿势。另外，在爬行的过程中，膝、臂动作的协调与四肢关节的灵活度也会增强。

温馨提示

缺少爬行而直接站起来开步走的宝贝，他的步行方式会非常奇怪。脚会有点偏内，这是因为他脚的拇趾比较弱。而且他不懂得用脚跟先着地，因此就会晃来晃去，好像缺乏力量。

还有些宝贝在爬行时常出现用一腿爬行来带动另一腿的方式，这样很容易让爸爸妈妈误以为宝贝另一条腿发育不良。事实上，这多数是因为宝贝在刚开始学习爬行时，两只脚的力量不均衡，经常会有一只脚显得不那么灵活，是正常现象，不必担心。但是，如果这种状况维持太久而没有改进，就要怀疑宝贝是否患有肌肉神经或脑性麻痹等异常状况，需及时去医院咨询。

爬——使颈肌更有力

宝贝爬行时有一个必不可少的环节，即必须得把头抬起来，而这一动作恰恰让颈部肌肉有了锻炼的机会。颈肌越灵活，宝贝越能方便地看世界，受到各种刺激的机会也会随之增多，结果依然是促进大脑发育，使其更聪明。

爬——使手臂更强健

宝贝爬行时需要用手腕来支撑身体的重量，而手腕有了力气，对其日后拿汤匙吃饭、拿笔涂鸦等均有助益。

|指导小手册|

虽说爬是种较为安全的运动，但是它的每一个动作都是极为复杂的。宝贝必须先要具备颈部、手臂、腿部的力量，之后还要协调好哪只胳膊先伸出，而后哪只脚再跟上来，之后又如何替换另一侧，等等。因此，对宝贝来讲，爬这个动作并不是一下子就能学会的，它需要经过几个准备阶段。

准备阶段

上肢准备：让宝贝俯卧且两臂撑起上半身，之后用镜子、玩具等逗引他抬头。这个练习可在出生15天后适当进行；满月后每天3～4次，每次时间不能太长。

单臂支撑准备：宝贝学会上面的动作后，在他俯卧时，可轮流在两侧用玩具逗引他单臂抓取。

下肢准备：宝贝长到3～4个月时，当你仰卧时可以让他跪在你身体的一侧，用手攀扶着和你一起看画报、念儿歌、玩玩具，这样可锻炼宝贝膝部及手臂的支撑力量。

抵足准备：让宝宝呈俯卧姿势，妈妈用手掌顶住他的双脚轻轻前推，慢慢地宝贝就会自己用力向前做出爬的动作。这样的练习每天可进行2～4次。

经过以上的准备之后，宝贝就可以经历他人生中的三次爬行期的进程了。

从“匍匐爬行”到“手膝爬行”

在爬行之初会出现一个有趣的现象。宝贝们大多都是“倒爬”或“螃蟹爬（往旁边爬）”，有的宝贝则是开足了马力，四肢乱动、乱蹬，但却停在原地不能前进，动作很不协调。这样的“伪爬行”要持续几天或一两个星期。之后宝贝终于能够小胳膊撑地，借助腹部蠕动与手臂的力量，带动身体往前匍匐爬行了。但是，这种将小肚皮紧紧贴在床面，两条小腿拖在后面不起作用的爬更类似于士兵的匍匐前进，还只是爬的雏形。这种貌似小飞机要起飞的样子也要进行一两个星期。而此时，主要训练的是宝

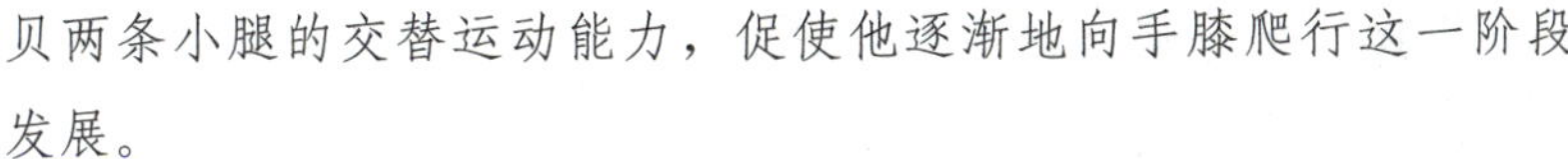

贝两条小腿的交替运动能力，促使他逐渐地向手膝爬行这一阶段发展。

助爬技巧：可以帮宝贝做些小肚子离开床面的训练。一只手将宝贝的小肚子轻轻托起，另一只手把他的两条小腿交替性地在腹部下一推一拉，每次练习6～8次，每天定时练习数次。当宝贝学会这个两腿交替的动作后，就可以在他前面放个有趣的东西诱惑他爬过去，有欲望才会有动力嘛！

从“手膝爬行”到“手脚爬行”

八九个月大时，宝贝已然告别了士兵突击队，再也不用匍匐前进了。不过，他又痴迷上了“熊爬”，即用手和脚撑地，小屁股翘得高高的向前爬，样子很像一只小熊在活动。要知道，从手膝爬行向手脚爬行这一阶段的动作比较难掌握，四肢的肌肉必须锻炼得健壮、结实，才能够支撑体重，使膝盖离地、两腿蹬直。我们必须在爬的最后阶段帮他一把。

助爬技巧：宝贝学会了用手和膝盖爬行后，可以每天用双手抱住他的腰，抬高小屁股，让两个小膝盖离开床面。当宝贝的小腿蹬直，两条小胳膊撑地之后，再轻轻用力地向前后方向晃动宝贝的身体，并且让这个姿势保持1分钟左右，然后再恢复原状休息几分钟。每天做3～4次就能使宝贝的四肢更强壮了。

温馨提示

1. 每次爬行练习时间不要太长，以免引起宝贝的抵触情绪。

2. 宝贝在较硬的地板上爬行时，可为他特意缝制一个小护膝，护膝不要太紧，以免影响膝关节的活动。如果家里铺有软垫，就要注意软垫的弹性、气味以及是否耐抠咬。

3. 由于小宝贝的控制能力及空间辨识能力有限，所以最好将屋内的所有桌角或柜角等套上护套，以免宝贝不慎撞到。

4. 宝贝是个好奇的小家伙，因此在爬行中可能会对电源插座极感兴趣，所以插座的防护盖是必不可少的。

行走，是一件需要等待的事

开始走确实是了不得的事。这和第一次伸手抓住东西一样，使宝贝与周遭环境互动的方式发生了重大改变。从此以后，宝贝的活动空间不再只是屋子里那一亩三分地了，户外那广大的空间正等着他去开拓呢。自己能自由走动了，自主性与自信心也随之飙升。许多研究都证明，婴儿开始有自主的移动能力之后，认知发展和社会发展都有大幅进步。

多数宝贝在满周岁前后才会走。与其他动物相比，这时候才能自主行动真是够晚的。这是因为我们人类选择的这种很让我们自己满意的走动方式——用两条腿直立行走——特别不容易学会。婴儿必须先有足够的体能及稳定感，然后才能做到自己走路。要知道，两只脚在走动时，有一个非常难控制的动作——暂时只用一脚平衡。单就这一点，我们也得学很久呢。

科学真相 | Point

许多动物在降生几小时后第一件事便是检验它们的四肢，然后就能向前蹒跚了，而人类至少需要一年时间才会迈出犹豫不决的第一步。为什么我们人类需要这么长时间呢？一项新的研究表明，人类和其他所有哺乳动物开始行走的时间基本取决于其大脑的质量。

瑞典隆德大学的神经生理学家马丁·加维兹和同事在研究动物大脑运动发育时，注意到貂和老鼠获得各种运动技能的时间差不多，但老鼠的大脑发育却快得多。同是哺乳动物，其运动神经的发育落差怎么这么大呢？

他们比较了24个物种的受孕和开始行走的时间，并且对比了一系列的变量关系，包括妊娠时间、成年个体重量以及成年个体的大脑质量。最终发现，大脑质量能够解释大多数物种（94%）在行走时间上的差异。也就是说，如果按身体和大脑之间的比例来算的话，某一物种的大脑越大，例如人类，它学会行走的时间便要比其他物种长一些。

在大多数动物中，其他两个变量——妊娠时间和出生时的大脑质量——也与初次行走的时间有关系。人类的发育在子宫中仅仅经历了一个非常短的阶段，并且仅仅形成了非常小的一部分大脑质量。但是，包括马在内的一些动物则具有很长的妊娠期，也就是说，它们的大脑在出生前就已基本发育好了，所以它们几乎在出生后就能够立即行走。

行走的哲学

自从会走之后，宝贝的世界就变得大为不同了，他探索的空间突然扩大。而走这一动作本身却是理智的，它不想一下子就让宝贝不知深浅地到处乱走，那样太危险了。于是，它一步三摇地慢慢向前，要到宝贝每熟练了一个动作、一点事物之后，才会再让他多走一些。于是我们看到，3岁以后宝贝才能渐渐消除因走而带来的全身紧张的状况，而在此之前，他的动作还不够协调和自然，走起来蹒跚摇摆，随时都可能摔倒似的。这也好，能让他在探索世界之初懂得谨慎。

到了四五岁，宝贝的动作协调性就已经提高了很多。五六岁之后，更是走得自然而轻松，甚至连跳舞都有模有样了。

锻炼宝贝走的动作不仅可以促进他的神经系统发育，通过观察其走路的姿势还可以看出他是否健康。生病或体弱的宝贝，走路时总是有些无精打采。此外，我们还可以通过走姿来窥得宝贝的性格与处事态度。

同样的走路，不同的目的

小姑娘波波正处在学走路阶段。妈妈说："她总是先盯好某个人或某样东西，之后只要她一迈步，我们马上就能看出来她是奔着什么去的。对波波而言，目的决定着走路的方向。她从不操心自己的平衡问题，因为她根本就没想到这一点。她一心只想着自己如何能够拿到那个玩具，而忘了想一下需要走多远才能到达，在这个过程中自己会不会摔倒。总之，波波走路时行动过于

仓促，不计后果。”

然而，小男孩布布的走路方法却与波波截然不同。“布布走路时目光茫然，我们根本不知道他要走向哪里，想干什么。好像他头脑中只有一件事：走路。他为了走而走。跌倒了，爬起来，再走……对布布来说，走路本身就是目的。如果能够保持好平衡不至于摔倒，他就很满足了。因此，布布把所有的注意力都集中在自己的身体上，忘了一切。他时时小心着自己有可能会失去平衡，因此精神高度紧张，时刻防备着跌倒。这样一来，布布在走路时便根本顾不上任何其他的事情了。”

如何引导呢?

如果希望布布在走路时还兼顾一下其他事物，可以在迈步前给他一件他喜爱的玩具。也许一开始布布不愿意接受，因为他的注意力必须全部集中在走路上，不允许有其他的东西来干扰自己，他无法同时兼顾手中的物品和自己的身体。但我们要足够耐心，不停地将玩具重新拿给他，并且轻轻握着他的手腕，陪伴他走一段，当他适应之后，再慢慢松开手让他自己走。

据说，最后的结果是，“当他养成手里拿着东西行走的习惯后，有时我看见他边走边摆弄手里的东西。显然，他能让自己放松下来了。之后，在不远处再放一个玩具引导他去拿。这一次，他成功了，他大约明白了走路不是唯一的目的吧。”

而对于波波，“我面对她蹲下来，伸出两臂作为目标点，只用指尖轻触她的身体，让她感到刚才的支持仍然存在。之后，我慢慢后移，这样能够让她明白必须走稳每一步才能最终拿到玩具。以后也会这样，要把一个动作分解成一个个小步骤来告诉她，事情必须注重过程才能成行……”

学步车，不学步

便捷，是现代生活的主要追求与标志。于是，我们有了汽车、洗衣机、手机等。但是，凡事总是这样，有一利的同时必有一弊，有些弊端对我们的影响甚至大于设计者的美好初衷，婴儿学步车即是如此。这个用以辅助宝贝学习走路的器械，其最大的好处大概只是让父母们更加自由了，仅此而已。自从有了它，我们就不用再时时紧盯着那个不停闲逛的小家伙。

然而，对宝贝自身来说，学步车却是有百害而无一利的。作为成年人，如果我们懒得走了，可以坐在汽车里，大不了牺牲一下身材与健康。所以，即使天天坐车，路还是会走的。但是，对刚开始学走路的宝贝们来说，却不是那回事了。

走路这件似乎只是交替抬起脚的简单事情，对那个蹒跚的小家伙来说，却是极为复杂的一套程序，每一个细微的步骤都需要他去实践。

比如，如何在没有任何帮助的情况下自行稳住身体，迈出脚步；如何在抬起一只脚的瞬间，立刻用另一只脚支撑住身体不致摔倒；如何摔倒才不会摔疼、受伤；摔倒后，又如何学着站起来；如何在笨拙的蹒跚中根据空间的变化而随时调整自己的步态……

这所有的动作，都将对大脑的发育起到刺激促进的作

用。如果省掉了这些步骤，大脑也就只好偷懒、罢工。很多成年人平衡感不好，走路容易摔跤等，便是没有好好做这些动作的后遗症。也许他们从未用过学步车，但是学步之初的腿脚没有得到应有的锻炼却是一定的。

所以，宝贝学走路这件事谁也代替、帮助不了，一切都需要他们从亲身经历中去领悟练习，而学步车似乎会阻碍这一切。

科学真相 Point

有一位研究者发现，如果婴儿在4个月左右就开始每天在学步车里待上1小时，最终也不会比从来不用学步车的婴儿提早会走。其他研究者也发现，每天坐学步车大约2个半小时的婴儿，走路与其他大肌肉运动的发展反而落后。原因可能在于，学步车太便利于小婴儿四处移动，从而即使不发展平衡能力与运动技能，也照样能探索并满足好奇心，而这些能力得不到发展就会自动减慢发展速度。另一个因素是，坐在学步车上的婴儿看不见自己的脚，而视觉回馈对于学走路是很重要的。

从安全角度考虑的话，学步车也不是一个让人放心的“保姆”，因为学步车翻倒或撞上障碍物而使宝贝受伤的例子也不在少数。

关于以上观点，日本东京都近藤小儿科院长也表示，婴儿腿脚还不结实，本应在地上爬来爬去，以锻炼腰、腿、胳膊及全身，但进了学步车，就仿佛有了一双“脚”，可以自由地在房间里移动，这样他们很难掌握真正走路的感觉。本来，孩子从爬到走，要通过一次又一次的摔跤，才能让身体学会怎样摔倒不会受伤。如果使用了学步车，就很难让身体学会如何很好地保护自己。因而，使用学步车的孩子在初学走路后，往往会因为摔跤而受伤较重。

走得好，是工夫

自从学会走路后，宝贝就一直处于一种既喜悦又担忧的纠结中——终于可以靠自己的力量想去哪儿就能尝试着过去了，可是自己走得竟如此歪歪扭扭，似乎随时都有可能摔到小屁股，当然，这些日子也真是没少让它受气。于是，宝贝每迈出一步，那颗小小的心脏都要收紧一下，只要看到地面稍有不平，他就宁愿拿出自己的保留节目——四肢爬行，谨慎一些还是比较妥当的。不过，无论如何，他对“走”还是痴迷的，所以情愿为它整日操练不止，时光也就在这个“走来走去的日子”中慢慢度过。

只是，突然某一天，妈妈发现宝贝的走路姿势怎么竟是那么……难看？！他竟像个醉汉一样跌跌撞撞，是不是有什么问题呢？

如果宝贝处于1岁半左右，这种醉汉式的走姿是完全正常的。自从走出第一步开始，想要走得像模像样还需要3~6个月的时间。没有跌跌撞撞的过程，宝贝根本无法学会如何控制自己的脚步。当然，这个时期摔跤也就显得稀松平常了，因为宝贝的腿部肌肉还不太结实，平衡的保持也得等内耳多记录一些参数才能发挥效用。但是，如果到了2岁左右他还跌跌撞撞，那就得带他去拜访医生了。此外，宝贝还可能出现另外一些不雅走姿。

走路如螃蟹

刚学会走路的宝贝都有这么一段尴尬的经历。他们两脚朝内，典型的内八字状，像个螃蟹的大钳子一般！这是因为在最初的走路过程中，为了增加重心稳固点，宝贝的头都会往前探，两脚朝内，似乎这样更容易保持平衡。但是等宝贝到了3岁左右，他的大腿和小腿的肌肉长得更结实了，这种极为不雅观的走路姿势

也就自行消失了。

当然，如果他果然是个内八字，那么可以在坐着玩耍时让其盘着腿，或者买双硬帮鞋，相信可以帮他纠正过来。

走路如鸭子

本来平足对婴儿们来说是件极为正常的事，所以他走路时容易左摇右晃也就不应太过奇怪。妈妈们需要做的只是帮他锻炼脚底肌肉，以期炼出个弧形。一般来说，95%的孩子在5岁前脚底会自然出现弧度。但是，为了避免自家宝贝不幸归入另外那5%，妈妈们可以多让宝贝蹬蹬脚踏车，或带他多玩些诸如脚趾夹铅笔、手绢或大扣子的游戏，宝贝的脚底弧度便会很快形成。

精细运动

精细运动就是我们常说的心灵手巧，它能刺激大脑皮质产生兴奋，从而使思维变得活跃。其活动量越多，动作越精细，就越能促进婴幼儿语言能力、认知能力的发展，让孩子更聪明，这是孩子一生各项能力发展的重要基础。

宝贝的精细运动

俗语说“十指连心，心灵手巧”，原来并非妄说。手指所对应的脑部区域在大脑中所占的地位竟是那样与众不同……

原来人体的不同部位在大脑皮质层中均占有一个相应的运动区，该区域的大小不以身体部位的大小而定，而是与该部位功能的精细复杂程度有关。

从前文我们知道，四肢受坐镇的“最高级别长官”大脑皮质内的运动神经领导，手做的任何一个动作自然都由这个“最高长官”直接下达。与其他肢体相比，手和五指的地位是极为尊贵的，因为那位大脑皮层大长官分派给它的领地相当广阔，几乎与整个下肢所占的区域同等大小。就比如那根大拇指，别看它身形短小，可它在大脑皮质层所占的“领土”几乎比大腿多10倍！

不过，也别太惊讶，这并不是大脑皮质层偏心眼儿。它的分配原则是能者多得，运动越精细，分配给它们的相应脑区就越大。手指的活动量最多，动作最细密，所获得的脑区当然就最多。因为它能刺激大脑皮质产生兴奋，从而使思维变得更活跃，让人更聪明。所以，这“领土”不是白得的，它是用来为人体产生效益的。而且，大脑在受刺激后又会反过来调节手指，使其更灵巧，动作更协调。就这样，手与大脑相辅相成的互动便促进了智力的发展。可见人脑的发育与精细动作的发展是密不可分的。

科学真相 Point

动物实验发现，如果大鼠出生后前爪不能进行精细活动，只能进行大运动，那么到幼年期后，大鼠在水迷宫测试中的成绩明显要落后于出生后前爪可以进行精细活动的大鼠。尤其是在记忆保持、恢复以及学习、记忆的发育进程中，如果前爪不能得到充分活动，则会影响大鼠的大脑发育。

颜崇淮教授称，现在不少家庭对孩子照顾得太仔细，什么事情都由家人包办。孩子到了上幼儿园时期，还不会自己扣扣子、系鞋带，甚至连自己拿勺子吃饭都不会。事实上，孩子的手指长期缺少这些精细活动的锻炼，其大脑的组织结构和神经元结构就会产生变化，进而影响孩子的记忆学习能力。课题组还从少儿运动员中进行了抽样调查，发现长期进行大运动的孩子和长期进行乒乓球之类精细运动的孩子，在解决问题和对问题的反应速度方面有明显的区别。

据此，爸爸妈妈们应该明白了，如果想让自家的宝贝聪明睿智，方法其实再简单不过，就是要把宝贝们用手的权力还给他们，把诸如洗脸、系纽扣、绑鞋带等属于宝贝的事情都交由他们自己做吧。

指导小手册

0~6个月

1. 局部按摩：从出生后就可以开始对宝贝的肩膀、手臂、手心、手背、手指、手腕等进行按摩，这样不仅能刺激宝贝的手部神经，而且还能促进肌肉放松和血液循环。

2. 感知手的存在：在宝贝的手腕上系个铃铛或手帕，每次摇动手臂时，都会让宝贝格外注意自己的小手，以此来锻炼他手部的感知能力。还可以握着他的手，帮其碰一碰、抓一抓悬挂的玩具。这样不仅能够训练他的抓握能力，还可以促进眼手的协调能力。

3. 满手满抓：准备一些宝贝可以抓满手的东西让他抓握，比如铃铛、海绵、橡皮玩具等。塞满两手，张开，然后再把东西塞进去，反复练习握掌、伸掌的动作。

6～9个月

1. 开关盒子：准备一个音乐盒，鼓励他用自己的小手打开盒子，再关上盒子，不断地重复。这不仅能锻炼宝贝的手部精细运动，还能让他逐步体会到此动作与音乐盒放出的音乐声之间的关系。

2. 玩具倒手：在宝宝能够准确抓握的基础上，开始发展他的双手共同活动。可以有意识地连续向他的一只手递玩具或食物，训练他将手中的东西从一只手换到另一只手上。

9～12个月

1. 接物游戏：将红色丝巾、黄色小手绢等能缓缓下落的物品扔向空中，下落时扶着宝贝的手去抓，边抓边告诉他“抓红色”。这样不仅能锻炼手的抓握动作，还能让他建立颜色的意识。

2. 撕纸游戏：当宝贝掌握了捏的本领后，就会寻找机会尝试刚学会的本事。为了满足他的这份好奇心，可以给宝贝准备一些干净的纸，撕一些小口子让他进行练习。撕纸发出的嘶嘶作响的声音，以及纸的大小变化等，都可以让宝贝兴奋不已。

1～2岁

逐页翻书：与宝贝一起看书时，可以把翻书的任务交给他。开始时他可能会一次翻好几页，针对这个问题，妈妈可先将他的手放在一页的下面，帮助他翻过来，还可以用一张照片放在下面，使其在翻开一页后找到照片。反复用“慢镜头”示范和练习，就可以使其熟练掌握翻书的技巧。

2岁以后

捏橡皮泥：让2岁半左右的宝贝将橡皮泥或一小块面团搓成条形，用手掌压扁就变成了烧饼，攥起来就是一个圆球，在上面插一根小棒就是苹果，还可以捏成小动物，建一个“动物园”等等，这些都能令宝贝玩得不亦乐乎。

抓握动作的发展

由于需要手处理的事务太多了，所以关于它的发展就绝不可能一步到位。那么，它的进程是怎样的呢?

通过日常的观察可以发现，大概从3个月起，宝贝就开始了一种无意的抚摸动作，他经常会无意地摸摸被褥、亲人或玩具。到第5个月左右，宝贝就会开始发展自主的抓握动作。6个月以后，手的动作可就更长进了，动作丰富得令人欣喜，主要表现为：学会拇指和其余四指对立的抓握动作，抓握过程中眼手逐渐协调，开始学习分析隐藏在物体当中的复杂属性和关系等。总之，从1～13个月宝贝们抓握动作发展的过程来看，都可以证明抓握动作的发展确实是按照由中间到周边的规律行进的，即由最初的肩、肘部的活动慢慢发展为成熟阶段的指尖活动。这个渐进的过程可以分为11个阶段：

1. 握拳。1个月时，婴儿手握拳，当转头对着手时，可把手放到嘴里。这个动作是手的动作以及视动协调的萌芽，也是精细动作的开始。

2. 看手。3个月时，婴儿仰卧时能在胸前看手、玩手。

3. 伸手够。约4个月大时，在婴儿面前放块红色积木，他还有些够不着。

4. 碰触。在5个月初，婴儿能碰触到红色积木，却不能抓握。

5. 手臂圈。被称为“原始抓握”，发生在5个月末。婴儿用手臂圈住立方体，然后再在另一只手或者在胸部的支撑帮助下使立方体离开支持表面。但在这一动作过程中，手指的精细动作不占据主要地位，并不是真正意义上的抓握动作。

6. 仿抓握。约6个月大的婴儿已经有了真正意义上的抓握动作，能够弯曲手指“包住”立方体，然后用手指的力量稳稳地抓住立方体。

7. 抓握。出现在婴儿约7个月大时，动作形式与第四阶段的动作非常相似。不同的是，这时婴儿手指的力量已能克服重力作用，使立方体离开地面。婴儿在抓握时，拇指与其他四指保持平行，同时用力抓握立方体。

8. 对指。婴儿表现出初步的对指能力，即抓握过程中拇指与其他四指相对（拇指的指腹与其他四指的指腹相对）。

9. 手指间的协调。出现在婴儿约8个月大时。抓握过程中，婴儿的手在立方体一侧放下，拇指接触立方体的一个平面，食指、中指接触与拇指所在平面平行的另一个平面，然后在3个手指的共同努力下抓起边长一立方英寸的红色正方体。

10. 手指对捏。发生在婴儿约8～9个月大时。抓握时拇指与食指相对，可用两个手指抓起立方体。

11. 手指更灵活。区别于前10个阶段抓的动作中使用全部手指的情况，13个月左右的婴儿可以拇指与食指、中指相对，用指尖抓起立方体。

“无聊”的重复

那段日子中，宝贝要求独立做事的宣言天天都在冲着我们公布：“让我做这，我想做那！让我搬它！我自己能打开它！不，不要帮助我！让我自己洗脸吧！”如此的积极性，几乎影响了我们自己的做事风格。是啊，再不积极一些，难道还要被那个不谙世事的小家伙给比下去吗？但是，允许他解放自己的独立性是一回事，忍受他的一而再、再而三的重复动作又是一回事。某人曾仔细观察并数了数自己儿子连续不停地打开、关上那只小箱子的次数，天！竟然达75次之多！

为什么？为什么这个傻孩子不停地重复那个动作？有一刻钟，他几乎怀疑眼前的这个小人儿是不是变成了机器人。后来，他明白了，那个在成人看似极简单的动作，对小家伙来说，每一次都是新奇的。他一次次地尝试着，总是不太相信，每一次的结果怎么都会是相同的呢？于是，他非得尝试个够，直到最终，铁一般的事实让他明白，即使把自己累得瘫软无力，都不会有意外出现。至此，他终于带着满意的神情放过了那只可怜的小箱子。以后，当他再看到那只箱子时，即使不去碰它，也知道那盖子打开后的结果是什么。

这就是宝贝们学习认识事物的过程，其实和我们成人的学习方法完全相同，就是一个词——重复，只不过宝贝们完成得比我们彻底且有毅力得多。

而到了第二年时，宝贝们想做的事更有针对性了。他们已经知道用开关可以打开电灯，按着遥控器的按钮可以出现画面……但是，他们依旧想利用一切机会来验证他们的知识。这时候，也就是“淘气鬼”诞生的时刻。妈妈刚刚放满的一浴缸水，眨眼间就被他拔掉塞子放得一干二净；好好的饼干被他扔进马桶冲刷殆尽。总之，尝试大人们不让做的事对宝贝们来说可是极有诱惑力的呢。

然而，我们是聪明的父母吗？如果我们聪明，就不会抱怨宝贝总是把拾回来的勺子再扔到地上去，或者干脆拿走以破坏他的这个探索性的试验；如果我们聪明，就不会不耐烦于宝贝坚持要求自己洗脸却总是洗不干净，且还要常常停下来去观察盆中堆起来的肥皂沫的“无聊”；如果我们聪明，就不会生气于宝贝一次次尝试着想把帽子戴到妈妈的头上去……如果我们聪明，就不会一边替宝贝做这些事情，一边告诉自己：“这一切等他长大就会了，现在我得赶时间，所以得马上帮他搞定！”不幸的是，等宝贝长大时，他能学并还愿意积极学的机会已然消失了。

宝宝是个左撇子？

当你发现自家的宝贝开始呈现出左撇子迹象的时候，是否会绞尽脑汁，对其进行“右手改造”呢？

其实，顺其自然会更好些。因为宝贝日后偏好哪只手，早在他还是个胎儿时，大自然就已为其做出了安排。

超声波观察显示，怀孕才13周的胎宝贝在用手方面就已有了偏好。多数胎宝贝会偏好吸吮右拇指，而另一小部分则只以吸吮左拇指为乐，而且这一习惯在整个怀孕期间持续不改。因此，宝贝的初级肌肉运动区和躯干知觉区早在宝贝出生以前就开始左右不一样了。日后成为左撇子的新生儿只有左臂受了刺激，才有大脑皮质活动的反应，未来的右撇子则是左右臂反应相同。

现代医学研究证明，左撇子的大脑右半球占主导地位，而大脑右半球的作用又侧重于情感、直觉、和艺术思维。

是什么原因造成了左撇子呢？科学家相信，尽管造成左撇子的基因目前仍难以确定，但当今的主流学派认为，左撇子遗传的概率较大。父母有一方惯用左手，子女出现惯用左手的概率为17%，如双亲都是惯用左手，这个概率就高达50%以上。此外，母亲在怀孕时分泌的一些激素，也可能导致胎儿成为左撇子。

科学真相 Point

美国医学专家发现一个简易有趣的方法，能在短时间内预测婴儿长大后将偏重使用哪只手。

当新生儿仰面躺着时，用手扶住他的头，使其面朝上直接看东西。这样待一会儿后，把手放松，仔细观察婴儿的头转向什么方向。首先转向的一边将是他长大成人后所偏重使用的手的一边。

他们曾对150名婴儿进行长期追踪观察，结果表明，约65%婴儿的头偏向右边，15%婴儿的头偏向左边，其余20%婴儿的头不偏任何一边。这些婴儿长大成人后，再进行调查观察，发现婴儿时期头转向右边的现在总是先用右手，而当时头转向左边的则先用左手。这些美国医学专家对左撇子的成因有自己的见解。他们认为，一个人偏重使用左、右手的主要原因并不是遗传，而是各人的爱好。一个人是左撇子还是右撇子，主要是由于发育过程中视觉和手的动作协调而形成的。哪只手比较协调喜动，那他长大后就偏重使用哪只手。

无论怎样，宝贝在决定自己最终是左撇子还是右撇子这件事上还是较为谨慎的。在最初几年中，他会在左右手之间换来换去好几次，然后才确定偏好哪一只手。所以在宝贝的发育过程中，用手的偏向性是逐步显现的。7～9个月时，宝贝通常显不出用手的偏向性。一个婴儿，递给他100次玩具，可能用左手接48次，用右手接52次，不会有明显的差异。大约18个月之后，用手偏向性开始显现，但要最终稳定下来还需要更长的时间，常常要持续到9岁。有时孩子用左手接球而用右手抛球和拍球，表明他们还没有完全建立起用手的偏向性。

总之，在宝贝发育的不同阶段，他们的用手习惯总是变来变去的，这一阵偏向用左手，过一阵就会偏向用右手，还有时会左右手不分。这是因为此期左右脑正在经历着一场轮流生长的冲刺赛，之后才能定出优势属于谁。这种换来换去的倒手对于宝贝其实是非常有用的，因为可以让双手在脑部发育期间同时多练习一些基本的操作技能。

不过在这个过程中，男孩总是比女孩更早显现出用手的偏向性。同时，用手偏向性出现早的孩子，是左撇子的几率更大。

温馨提示

千万别硬性纠正宝贝的用手偏好。美国哈佛医学院所做的一项实验显示，强迫左撇子孩子改用右手，其成功率仅为5%，如果没有纠正过来，给孩子带来的心理阴影，可能持续一生。所以，请不要苛求宝贝的用手习惯，那并不重要。另外，还有研究表明，被强行纠正过来的宝贝，其语言能力会受到不同程度的干扰。这自然与其大脑分工有关，也就是说大脑本来事先安排好了用手的脑区，可是突然间的换手，让大脑有些措手不及，它根本还未来得及为这次换手预留出足够的脑区，产生混乱也就在所难免了。

其实，为什么一定要纠正呢？要知道左撇子也有其自身优势。左撇子具有充分发挥大脑左右两区作用的能力，使他们在许多领域胜人一筹。左撇子即意味着其右脑较为发达，而右脑更擅长直觉思维，具有艺术天赋。在对神经反应要求很高的对抗性体育项目上，左撇子可以发挥其右脑“神经短路”的优势，快速攻击对方，出奇制胜。特别是在数学领域，左撇子更加引人注目。据美国霍普金斯大学的学者研究，在具有数学天赋的孩子当中，左撇子几乎比常人多一倍。

指导小手册

适合0～2个月婴儿的游戏活动

游戏名称	游戏内容	游戏作用
体操时间	让孩子仰面躺下，抓住他的腿，一次按摩一条。先用右手，再用左手，快速轻柔地自大腿向下抚摸，摸到脚时手拿开。之后，将宝贝的小手高举、放下，把小腿伸直、屈起等。从10天左右开始做，一天或两天一次，注意动作幅度，一定要轻柔。	这是个全身运动，可以为宝贝舒展身体，还对触觉有刺激作用。
游泳时间	游泳能促进宝贝健康成长，增强体质，促进饮食、睡眠，减少并发症。注意避免呛水，如其恐慌不安或肤色有变化就要马上抱出。	对触觉及大小肌肉力量均有益。
我要抓住它	在宝贝的小床上方悬挂玩具，以他可伸手触到为宜。妈妈轻轻晃动玩具，逗引他伸手去抓。手抓动作熟练后，可试着把玩具移到孩子脚部，让他用脚蹬一蹬。	可锻炼手眼协调。

适合3～5个月婴儿的游戏活动

游戏名称	游戏内容	游戏作用
拨浪鼓游戏	在宝贝面前放一个拨浪鼓，从左向右移动，同时鼓励他去拿拨浪鼓。他这样做时，应为他提供方便。他成功后，应对他表示祝贺。	用眼睛跟踪拨浪鼓能增强视力的敏锐性，还可锻炼他的颈部肌肉的灵活性。同时有助于抓握动作的精确、协调。
我站起来了	在一天中选择几个时刻让小宝贝站直，还可让他试走几步。当然，时间不能过长，而且你得扶着他。	这一运动能让他体会行走的感觉。

游戏名称	游戏内容	游戏作用
靠坐	将宝贝放在有扶手的沙发上或小椅上，让他靠坐着玩，父母给予一定的支撑。每日要连续数次，每次5~10分钟。	锻炼他颈部支持头的力量，为坐稳做准备。
摇晃	此阶段宝贝已能控制头部。让他坐在你的大腿上，和他一起轻轻地颠动摇晃，这会帮助他在以后学走路时保持平衡。	锻炼宝贝身体的灵活性和头部的稳定性。

适合6~8个月婴儿的游戏活动

游戏名称	游戏内容	游戏作用
紧握小球	将两个棉球系在一根有弹性的带状物（如皮筋）两头，你抓住一个，让宝贝抓住另一个。你轻轻地拉弹性物体一下，然后弹回去，让宝贝也这样做。请多重复几遍。	能增强宝贝的肌肉力量，并教宝贝知道力是如何产生作用的。
坐着跳舞	让宝贝坐在你的膝盖上，揽住他的身体，随着音乐的节奏，像跳舞一样从左向右、从前向后慢慢倾斜，最后让他坐直。	体验运动的同时感受美妙音乐。
翻滚游戏	为宝贝念儿歌时，也可以活动活动，比如抱着他一起在床上或软垫子上滚来滚去。这比坐在那里静静地听更能提高宝贝的活动兴趣，并能给他起到示范的作用。	锻炼身体的灵活性。
俯趴	扶着宝贝的腋窝趴在你的肚子或柔软的被子上。每次仅可练习3~4分钟。	训练宝贝腰、腹、腿等部位的力量。
坐着转身	让宝贝面对着你坐在你的大腿上，轻轻扶住他的背，边听音乐边帮助他转过身子背对你。	训练宝贝方位感，加强腹肌力量。
敲打玩具	经常让宝贝握住玩具棒敲打一切能发出声音的物品：罐子、小盘、积木或鼓等。	提高宝贝敲击的准确性和增强手部力量，也可帮助他体验不同音色和音调。

适合9～12个月婴儿的游戏活动

游戏名称	游戏内容	游戏作用
训练脚趾	和宝贝面对面坐好，拉着他的小手，让其双脚顶住你的膝盖，稍松手让他往后倾，再拉回向前倒。	让宝贝光脚可以增加对脑部的刺激。锻炼脚趾力量。
水中漫步	抱宝贝在盛满水的浴缸中走路或踢水。注意安全。	感受水的冲力，锻炼宝贝腿部力量。
模仿爬行	多带宝贝和其他会爬的婴儿玩，或你在他前面爬，逗引他爬着追。注意：不要在宝贝后面爬，此时他尚无“被追”的概念。	模仿是宝贝学习的主要方式。
平衡训练	在柔软的床上，让宝贝趴在缓慢翻滚的成人身上，使他不断调整体位。还可扶着他的腰和臀部趴在大球上，来回晃动球。	调节身体平衡能刺激小脑发育。
抠出一个小洞洞	抠洞是此期宝贝最喜欢的活动。给他玩有洞的大积木、大木珠等，引导他用食指钻到小洞里去探索。	训练宝贝食指单独活动的能力，同时激发好奇心。
发光的液体	在小水瓶中装一些水，然后放入小发光物，再放入几滴食品着色剂和少量甘油，这样小发光物就能浮在水面。拧紧瓶盖后就可以让宝贝玩耍了。	鲜明的色彩会鼓励宝贝去探索，同时也锻炼了他手的抓握能力。

适合13～14个月幼儿的游戏活动

游戏名称	游戏内容	游戏作用
保龄球	用空的饮料瓶充当保龄球，告诉孩子如何用皮球去击倒这些瓶子。当他完成得比较好的时候，再把瓶子放得远一点。	发展精细动作技能和大动作技能，展示因果关系。
爬楼梯	上下楼梯时尽量让宝贝自己来。许多宝贝上得去却下不来，所以需要花点时间教他怎样从楼梯上爬下来。这种活动需仔细监护。	锻炼大动作技能。

游戏名称	游戏内容	游戏作用
一指神功	在一面巾纸盒上挖3个稍大于手指的洞，盖好盒子，你把手指伸进洞中，然后鼓励宝贝也模仿着做。	培养精细动作技能。
击球游戏	把一只沙滩球用绳子吊在天花板上，吊的高度应让孩子能轻而易举碰到。教孩子如何击球。也可以将球悬在宝贝的小床上方，当他仰面躺着时，可以两脚轮流踢动，妈妈可以在一边为他计数，左脚1、2、3……右脚1、2、3……双脚同时1、2、3……随着孩子长大，熟练掌握动作后，可以把球升高。需仔细监护游戏的完成，并妥善处理绳子。	加强精细动作技能和大动作技能，使肢体更灵活，双侧协调性更好。展示因果关系。
抓握动作	如给他一些小块的梨片、软桃片、香蕉片等难抓握的食物，鼓励他用手拿着吃，若没抓住也不要急于帮他。	光滑的物品更能锻炼宝贝的抓握能力。
按按键	给孩子一个老式计算器，最好是按键很大的那种。让他看到按按键后屏幕上会发生什么变化。鼓励他在玩买东西游戏中扮演收银员，使用计算器。	培养精细动作技能，激发孩子的想象力，展示因果关系。

适合15～17个月幼儿的游戏活动

游戏名称	游戏内容	游戏作用
我会存钱了	找一只储蓄罐，帮孩子把硬币往里塞，先是1元的硬币，接着是5角、1角的小硬币。	发展精细动作技能和社交能力，教给孩子大小和形状的概念。
吃手指的娃娃	用饮料瓶做一个娃娃，画上眼睛、鼻子之后，再剪出一个大大的嘴巴，可以让宝贝给娃娃喂水、喂饭等。注意在剪开处用胶条贴好，以防划伤宝贝。	发展精细运作技能及情感关怀能力。

游戏名称	游戏内容	游戏作用
赤脚玩耍	在平坦的沙土地或木地板上让宝贝赤脚玩耍。	发展脚的触觉敏感度。
挤海绵	在户外或厨房地板上，把3块海绵放在一桶水里。当你把海绵放入水中后，让孩子看到它们是如何吸水的，再让孩子看如何把水挤出。把此过程重复一遍。	展示因果关系，锻炼手臂肌肉。
直线走路	在人行道或空地上用粉笔画一条约1.5米长的直线。你先示范如何沿线走路，然后让孩子试试看。当他熟悉了这一技巧后，把线画长些，让他再试一遍。当他能做得很好时，让他自己也画一条线。	训练力量和平衡性，发展精细动作技能。

适合18～20个月幼儿的游戏活动

游戏名称	游戏内容	游戏作用
谁的进球多	把一个纸盒侧倒放在地上或将其吊在半空，和宝贝来场进篮比赛，可逐渐把篮子移远一些，还可以指定某个方向用力丢，看谁扔得远。	锻炼精细动作技能，增强自信心。
积木排放	在地上放条彩带，让宝贝把积木一一排列在带子上。他能做好这点时，将带子放成曲线形状。	训练精细动作技能，认知顺序概念。
纸条	让宝贝观察你怎样把彩色美术纸撕成长条，让他也试一试，再把纸条贴在一张大纸上组成一幅拼贴画。 还可以将广告页的某图片用针沿轮廓扎些小孔，然后让宝贝将这个图形完整地撕下来。	认知大小、形状和颜色的概念，强化精细动作技能。训练双手配合做事的灵活性，培养专注力及耐心。

游戏名称	游戏内容	游戏作用
金鸡独立	抓住宝贝的小手，让他练练单脚平衡站立。当他的腿部逐渐有力量后，可以慢慢减少给他的帮助，直到他能独立单脚站立。	锻炼大动作及全身的平衡性。
我会永远跟着你的步子走	跟在宝贝后面，他踩在哪儿，你也踩在哪儿，他怎么做你也怎么做。然后再交换位置。注意步子不要太大。这个游戏如果在沙滩上玩一定会更有趣。	训练协调性和记忆力，激发模仿性游戏活动。

适合21～24个月幼儿的游戏活动

游戏名称	游戏内容	游戏作用
保持“豆袋”平衡	让宝贝伸出手，放上一只小“沙包”在那小手上，让他保持“沙包”的平衡。先右手，后左手。当他有进步时，再让他微微抬起单脚，将小“沙包”放在他的脚背上，保持平衡。	加强大动作和精细动作技能。
挤水游戏	给一只气球灌些水，让宝贝挤捏着玩。当然，前提是别总担心他的衣服又湿了一片。玩水是宝贝最喜欢的游戏之一。	增强手臂主要肌肉的力量，展示因果关系。
抓物小比赛	将3个小东西（如积木或球）放在地板上，然后让宝贝用双手各抓1个，再用手臂或腹部夹住1个，把它运送到另一个地方。可以和他比一比谁运得又快又多。	锻炼协调能力，传授大小、形状和数数的概念。
毛毯中的小猪	抓住毛毯的一端，告诉宝贝怎样抓另一端。在毛毯中间放一个他最喜欢的填充玩具，然后前后滚动玩具。接着，尽量使玩具在毯子中跳起来。最后，高高地把玩具往上扔。	锻炼大动作和精细动作技能。

游戏名称	游戏内容	游戏作用
侧步走	和宝贝玩追人游戏，规则是必须侧着走。由于步调协调难度较高，为了保证宝贝的安全，最好找一处草坪或铺一块地毯，以免宝贝受伤。	发展大动作技能，激发想象力。
走圆圈	握住宝贝的双手和他一起走圆圈，先快后慢。注意走时要和着音乐的节拍不时改变步子。	锻炼大动作和精细动作技能，发展身体平衡能力。
奔跑	你们一起散步时，数到3后一起跑，并互相追赶。你跑到那棵树时，他赶得上吗？跑到那个停止标记时呢？你要让他多赢几次，这样他才会喜欢。	锻炼大动作技能，提高听力和数数能力。
踩东西	和宝贝外出散步时，一起找些东西踩一踩，比如一堆树叶或一堆土，一小摊水或一堆雪。告诉他为什么每次踩到的东西感觉不一样，并问他最喜欢哪一种感觉。	锻炼大动作技能，增加词汇量。

适合25～30个月幼儿的游戏活动

游戏名称	游戏内容	游戏作用
鞋带弟弟	可在整理鞋时对他说：“这只鞋子很想念鞋带弟弟，你能帮忙把它穿上去吗？”	这种手指运动能良好地刺激脑细胞，利于完善幼儿的神经系统控制能力。
走“钢丝”	散步时让宝贝沿街砖等直线模仿走钢丝。“走三步，退三步，单脚独立站五秒”，计数又健身。	锻炼孩子大肌肉的运动能力。
让我们倒着走	散步时，让宝贝拉着他的小鸭子和你一起倒着走，边走边看方向还能增强空间感知力。	可使主管平衡作用的小脑得到锻炼，提高反应力。

游戏名称	游戏内容	游戏作用
跳跳床	在宝贝蹦跳时，可以给他设置一些难度，比如鼓励他双膝夹着枕头跳，或者跳一下、跑两步等。	锻炼腿部力量和心肺功能。
转转椅	让孩子坐入转椅，提醒他背向后靠稳，然后慢速开始旋转。	可促进平衡能力的发展。

适合31～36个月幼儿的游戏活动

游戏名称	游戏内容	游戏作用
顶气球	买几个漂亮的气球，把它们抛得高高的，和宝贝一起用头顶、手托或身体垫，想办法别让它们落在地上。比比，数数谁顶得多。	锻炼眼和四肢的协调性。
学用筷子	先让宝贝自己摸索用筷子的方法，再准备几个用纸团成的球，方便他练习挑、夹、拨等动作。	使动作更协调、连贯，有利于智力发育。长期用筷吃饭，可促使他的眼、手、嘴和脑的有机配合。
捏豆豆	在一把大米中混入几颗小绿豆，先让宝贝看看哪种豆子多，之后让他将绿豆一粒粒捏出来。	能锻炼拇指和食指捏拿小物体的能力。
我是踩球的小熊	协助宝贝踩在皮球上，扶着他慢慢将球滚到终点线。	强化腿部力量，增强平衡能力。
宝贝我们来猜拳	先教宝贝学会握紧、放松等手指动作，速度渐快，直到能自然掌控。之后再把剪刀、石头、布的古老游戏教给他，看看你们谁的反应快？	锻炼手部屈张运动，促进判断力成熟。
悬空爬行	让宝贝两手撑地，妈妈从腰部将他的两腿抬起，边推边说："小推车向前走，向左走，向右走，到站了，停下来。"时间不宜太长。	可锻炼颈肌、臂肌、腰肌及腹肌。

游戏名称	游戏内容	游戏作用
蒙眼摸物	在安全的空间蒙住宝贝的眼睛，让他凭听觉摸索寻人，并说说摸到的是谁。	可以同时培养宝贝的听觉、触觉与平衡能力。
变速行走	和宝贝散步时，让宝贝按照妈妈的口令改变走路的节奏：快！慢！停……	在快与慢的节奏中，学习掌控腿部肌肉并促进反应灵敏度。
模仿串珠	以ABAB的排序将两种颜色的珠子串起，再让宝贝试着说一说排序的规律，看他能否按原样串起来，熟练后可增加颜色。过后收好防止宝贝吞食。	能发展宝贝手部精细运动。
自制投篮筐	在墙上挂个纸箱充当球篮，让宝贝把球投入篮内。	有利于发展宝宝平衡感和手眼协调力。
看谁躲得快	先用皮球和宝贝玩一会儿接球和投球游戏，熟练后，和他轮流玩一种名叫躲球的游戏（用力要轻）。妈妈躲的时候故意输几回，这样能让宝贝很有成就感。	促进宝贝身体的灵活反应。

Part 8 打开情绪的瓶塞

情绪与人的身体健康有密不可分的关系，情绪可以通过神经、内分泌和免疫等系统引起人生理变化。那么要使宝贝身心健康且发育良好，孕妈妈和妈妈们该如何做呢？

情绪的力量

情绪如同一个隐藏在幕后的总指挥，决定着宝贝的心智是否能够健康成长。一个婴儿早在懂得使用语言之前，就会传情达意了，并且能从这种互动中获得安全感、自信以及各种信息，进而才能顺利学会肌肉运动、语言、认知等等技能。

孕妈妈的情绪冲击波

1986年，意大利人卡尔洛·佩特里尼发起了一项名为“慢食”的运动（Slow Food Movement）。一时间，“慢食”风潮从欧洲开始席卷全球。人们开始静心思考自己的生活，并由此发展出一系列“慢”的生活方式。

这一方式正符合孕妇的需求。想象一下，一位怀着希望的准妈妈漫步在午后宁静的树林中，享受着温暖阳光、新鲜空气……这些生命和健康的源泉，会使她的内心充满幸福。

相反，如果孕妇总是忙忙碌碌，一天的日程安排都是满满当当的，她的心境、身体又会是怎样的呢？腹中的宝贝会怎样？准妈妈那根整天绷紧的弦，会不会影响到宝贝的大脑发育？

科学真相 Point

20世纪70年代，加拿大的学者着重研究了孕妇的情绪、生活节奏和她的宝宝出生后发育状况之间的关系。他们发现，一个孕妇如果由于工作压力大或婚姻不和谐等原因，在孕期经常处于紧张的生活状态，那么她的新生儿得湿疹的比例则较高，同时这些新生儿的情绪普遍比较烦躁、不易平静等。这都是由于情绪过于紧张，从而使内分泌系统发生了变化，最终影响到了未出生的胎儿。

当然，日常生活不可能总是风平浪静，总有一些恼人的事会突然跳出来吓你一跳。比如可能领导对你花了一个周末时间写出的报告一点也不满意；或许丈夫忘了你的生日……但是，是否会造成紧张情绪，还是看你的心态和个性。

如果你是个敏感且容易紧张的人，那么这一切突发的事情就可能导致你情绪的不稳定。于是，身体里便开始风雨交加了。肾上腺素分泌会骤然增加，流入子宫的血液随之立刻递减。胎宝贝随即感觉到了你情绪上的变化，并对你的不安充满了“同情”。从而他的神经系统也分泌出更多的肾上腺素，引起心率变化和身体的被迫运动，平静被打破，紧张感充满子宫，胎宝贝的内分泌系统受到了不应该有的刺激。

肾上腺素的一般作用是使心脏收缩力上升；心脏、肝、筋骨的血管扩张和皮肤、黏膜的血管缩小。

孕期持续不断的紧张情绪无论如何都会导致一些消极的后果。通过胎盘的血液量减少会限制胎儿的发育从而导致人们常说的“个头儿小”。近期的研究还表明，如果母亲在孕期或是孕后期处于焦虑紧张状态，她们的孩子在童年时期会遇到行为上的问题，这些问题包括男孩子的多动症、精力不集中等；还有一些情绪上的干扰问题，男孩和女孩同样会遇到。

尽管如此，我们还是可以给孕妈妈们一点安慰。由于婴儿的大脑在出生后仍旧不停息地发育着，因此，它会根据出生后的经历来作出进一步的调整与完善。这就是说，妈妈们还能拥有一次补救的机会。只要能在宝贝出生后为他提供一个安稳适宜，没有任何附加刺激的环境，宝贝还是会努力地为我们绽放他那独有的笑颜。但补救的效果终究有限，所以妈妈们还是应该在怀孕期间就让自己学会放松，学会慢下来。其实，无论是孕妈妈还是

宝贝，都需要一个能让人放松的“慢生活”。慢下来吧，因为“快”会让我们错失很多美好的事物！

情绪比智力更重要

每当宝贝学会一个新的动作、新的词汇，我们都会格外地留意。但是，宝贝的情绪呢？它是不是也以同样的速度良好地发展着呢？想必很少有父母留意过吧。然而，情绪却如同一个隐藏在幕后的总指挥一样，决定着宝贝的心智是否能够健康成长。一个婴儿早在懂得使用语言之前，就会传情达意了，并且能从这种互动中获得安全感、自信以及各种信息，进而才能顺利学会肌肉运动、语言、认知等技能。

那么，如何才能及早知道宝贝将来的情绪是怎样的呢？用一颗糖果就能进行预测，这就是著名的“糖果实验”。在这项长达40年的实验中，科学家发现，通过观察孩子抵抗糖果诱惑的能力，可以预测他今后的人生道路。

科学真相 Point

美国斯坦福大学的研究人员在20世纪60年代开始了这一实验。他们找来数十名孩子，每人面前放一颗糖果，告诉他们糖可以吃，但如果10分钟后再吃就可以多得到一块。当研究人员出去后，这些孩子中有1/3马上开始吃。剩下的孩子则用尽了各种方法让自己撑下去；有的闭上眼睛不去看诱人的糖果，将头埋入手臂中，自言自语，唱歌，玩弄自己的手脚，甚至努力让自己睡着，但是依然有1/3的孩子开始坚持却在后来放弃了。不过，最后1/3的孩子一直坚持到了研究人员回来。这些有意志力的孩子最终得到了两颗糖果。

14年后，研究人员再次调查了这些孩子，发现不同反应的孩子在情绪与社会交往方面的差异非常大。4岁时就能抵抗诱惑的孩子到了青少年时期，社会适应能力非常好，比较自信，人际关系好，能很好地面对挫折，有主见且学业出众，在追求目标时也和小时候一样能压抑立即得到满足的冲动。

而那些马上吃糖果的人，成年后缺乏自信，与人相处不好，容易怀疑、嫉妒或羡慕别人，而且和小时候一样不易压抑立即得到满足的冲动。

糖果实验显示了童年时期的一个很小的行为，长大后却扩大为社会、情感等多方面的能力。很多事情都取决于压抑冲动的能力，包括减肥、读完学位等。因此，如果孩子欠缺情绪控制能力与成熟度，再高的智商也无用武之地。

情绪从何而来

大脑中有个区域名叫“边缘系统”，位于“最高行政长官”大脑皮质及其“下属”脑干之间。把它安排在这个位置，自然是有道理的。而在边缘系统内部，又分设了一些职能不同的小部门，比如“较低”边缘系统、“较高”边缘系统、杏仁核等。让我们来逐一认识它们吧。

“较低”边缘系统——原始自发情绪的集中地。人在激动、惊恐、得意、忧伤的时候，出现的肾上腺素分泌、剧烈心跳、两腿发软等各种身体上的反应，都在这个部门。这些反应都是本能的，是神经系统里预先就设定好的，所有人都一样。例如，害怕时皱眉，高兴时微笑等，甚至连小狗、猴子都有这些表情。

“较高”边缘系统——有意识地指挥调整各种情绪，让人体能清晰地知道自己的感受，并对自己的情绪多少有些克制。例如，哭要哭得适可而止，笑也尽量笑得仪态万方。

杏仁核——跨越大脑两侧，分别与“较高及较低”边缘系统相连，因为长得像个杏仁而得名。它主要负责控制激烈的情绪反应，高兴、生气、害怕等情绪都由这个看似体积很小实则功能强大的杏仁核管理。在幼年时，因为最高级别的前额叶（起控制冲动作用）还没有长好，宝贝很多情绪化的表现都由杏仁核来管理。但是，它毕竟不如前额叶那般极富判断力，所以呈现在宝贝身上就应了那句俗话：婴儿的脸，六月的天，说变就变。

另外，杏仁核对“恐惧”的作用尤其活跃，它会调动边缘系统的其他部位产生快速而多变的反应。比如，开车时，眼睛看见一辆车疾驰而来的那一刻，杏仁核会最先激活它旁边一个叫下视丘的兄弟，让它分泌出一大串激素，使心脏猛跳、血压高涨、瞳孔放大、皮肤冒汗。与此同时，杏仁核又与控制肌肉运动的朋友取得联系。它们会立刻指挥脚去猛踩刹车，而脸上也露出惊吓的扭曲状。

看到这三大主将的职能范围，我们可以知道，边缘系统的活动除了与内脏机能调节的关系至为密切外，与情绪变化的关系也非同一般。

前文我们讲过，大脑的发展顺序是从后向前奔进，边缘系统也就随之由下而上地生长。因此，我们必须先有能够正常运转的边缘系统，才可能意识到自己的情绪。而边缘系统的发育时间是相当漫长的，发展成熟也是逐步完成的。前额皮质中的神经细胞在婴儿出生时都还发育不全，要等到6～8个月的时候，才能真正开始发挥功能。也就是说，从这个时候起，宝贝才能真正开始感受情绪，并且对边缘系统施展控制手段，想哭就哭，想笑就笑，率性而为。这也是随着年龄的增加，宝贝便不会随便啼哭的主要原因。

笑与哭的象征

我们日常见到的笑和哭都不仅仅是用来表达感情的。笑可以促使身体许多肌肉参与活动，从而促进血液循环消除机体不适；而哭可以将对人体有害的物质随眼泪排出体外，并可以将聚积的能量宣泄到体外，达到体内能量平衡的目的。笑与哭对孩子的成长究竟有何益处？

最是迷人那一笑

最是迷人那一笑！每当那个憨憨的小人儿咧开小嘴对我们粲然一笑时，为养育他所付出的所有辛劳似乎都有了回报。妈妈这时才明白，原来幸福竟然离自己如此之近，生命就此有了意义。

宝贝倒也从不吝啬。当他长到3个月左右时，每每醒来，只要一看到熟悉的面孔或新奇的景致、图片或玩具，就会露出微笑，嘴里呵呵地叫，挥舞着小胳膊小腿，真可谓手舞足蹈。不仅如此，当他吃饱睡足，精神状态良好时，即使没有外界的刺激，也会自动露出微笑。前一种笑被称为“天真快乐效应”，而后一种则被称为“无人自笑”。

科学真相 Point

研究表明，天真快乐效应是婴儿与他人交往的第一步，在精神发育方面是一次飞跃，对大脑发育是一种良性刺激，被誉为智慧的一缕曙光。至于无人自笑，乃是婴儿在生理需要方面获得满足后的一种心理反应。两种笑均有益于大脑的发育。

美国华盛顿大学的一项研究资料表明：爱笑的宝宝长大后多比较聪明。这是他们在系统地研究了年龄与智慧之间的关系后得出的

结论。他们发现，聪明儿童对外界事物发笑的年龄比一般儿童早，笑的次数也更多。

但是，如果成人对宝贝的微笑没有回应，宝贝微笑的次数便会减少。而到两岁末的时候，宝贝已能自如地运用微笑来表达他们的积极情绪了。

因此，爸爸妈妈们要多和宝宝接触，并用欢乐的表情、语言以及玩具等激发他的天真快乐效应，这才是中期智力开发的大妙招。

除了益智，笑还可强身健体。尤其对那些发育中的宝贝而言，笑更是一种“器官体操”。由于幼小的宝贝不同于成人，甚至也不同于年长儿，他们的活动能力很有限，因此那笑便是“一种类似于原地踏步的良好锻炼方法”。巴黎医生亨利·吕斑斯对笑的这个评价，对小宝贝而言真是再精确不过了。因为，发笑时面部表情肌开始运动，胸部与腹部肌群参与共振，既活动了肌肉、骨骼与关节，又对多种内脏器官起到“按摩”与“锻炼”的作用，“器官体操”也就由此而得名。

笑还能使宝贝的动脉血管平滑肌得以放松，管腔变大，血流量增多，全身器官都能享受到充分的血液供应而加快发育。而胸肌运动还能带动胸廓扩张，肺活量因之增加，换气效率得以提高（发笑时换气值可达到静止状态的2～3倍），这一点将对宝贝肺脏发育起到促进作用。此外，笑还能促进肝脏和胆道蠕动，胆汁分泌旺盛，有助于肝脏发育。同时，胃肠的蠕动亦增强，消化液的分泌增多，有利于增强消化功能，排出肠道内的气体，对消化功能弱以及吞气症引起的腹胀有一定治疗效果。

科学真相 Point

美国儿科研究人员发现，婴儿的微笑能够刺激母亲大脑的多巴胺奖励体系，让母亲感受到幸福。这或许有助于解释一些母婴情感之谜。

据美国健康生活新闻网报道，美国休斯敦贝勒医学院儿科系的莱恩·斯特拉森博士在一份研究报告中指出："婴儿的笑是非常有力的刺激物，这在生物学上讲得通。婴儿完全依赖于照料自己的人。大自然在人体内设置一种体系来强化这种关系，这是合情合理的。"斯特拉森认为："母亲的这种幸福感绝对有其生物学来源。"

研究发现，当母亲看到孩子照片时，一个广泛的大脑网络便会被激活。但母亲只有在看到自己孩子喜悦的脸时，大脑内的多巴胺奖励体系才会被激活。如果孩子看起来悲伤或者没有表情，这个系统不会被激活。正在啼哭或者既不哭也不笑的婴儿，也不会在母亲身上激发同样类型的大脑反应。

斯特拉森说，在有些母亲身上，这种自然的奖励体系可能存在问题。这或许有助于解释为何有些母亲和孩子从来都不亲密，甚至会虐待自己的孩子。

美国新奥尔良奥克斯纳医疗中心的儿科医师迈克尔·沃瑟曼博士说："这项研究很吸引人。它是朝解开情感之谜迈出的一步，开始揭示母婴关系中复杂的化学反应。"

指导小手册

逗笑也要讲科学

逗宝贝笑的具体做法是：多向宝贝微笑，或给其新奇的玩具、画片等，激发其天真快乐的反应。让其早笑、多笑，这样的婴儿长大后智商会更高。

不过，逗宝贝发笑也是一门学问，必须将时机、强度与方法拿捏得精准到位。有些特殊场合及时间是不宜逗引宝贝发笑的。比如：

进食时逗笑，容易让宝贝发生食物误入气管的状况，最终引发呛咳甚至窒息的惨剧；晚睡前逗笑，会使宝宝失眠或夜哭不止。

另外，如果宝贝笑得太过则有可能发生瞬间窒息、缺氧、暂时性脑贫血而损伤大脑，或者引起下颌关节脱臼等悲剧。所以，“适度”很关键！

哭！哭！哭！

婴儿用泪水考验着妈妈的母爱是否柔韧；大孩子咬着牙不哭考量的则是妈妈的心是否那么易碎。其实，这些都是宝贝们在用符合他们年龄特点的交流方式在与我们沟通。

婴儿的痛苦淹没在泪水中

“哇……”当新生宝贝那一声嘹亮的啼哭响起之时，我们几乎欣喜若狂，一个鲜活的新生命诞生了！但在随后的日子里，这种非常特别的表达方式多次重复后，我们的睡眠和生活被彻底改变了。不适应！这是初为人父人母最为深刻的感受。而对小宝贝来说，又何尝不是如此？宝贝的神经系统仍然需要一些日子来适应新环境以及身体上从内到外的变化。而且，在最初的3个月里，宝贝的多数活动都先由脑干打理，而脑干真是个实实在在的实干家，做得多、想得少。因此，对外界给予身体的所有感受都少了一些理智的分析与判断，怎么感觉就怎么表达，毫不犹豫。再加上语言系统还未发挥威力，新生宝贝对外界刺激的唯一回应就是哭泣或慌乱。因此，如果小宝贝看起来很不安，这实在怪不得他，因为他还没有任何其他的方式来发泄他的恐慌情绪。于是，那些日子便成了宝贝一生当中哭得最频繁、最无所顾忌的时期。

科学家曾“有趣”地测量出了小婴儿的啼哭时间——平均每天哭3个小时。当然，宝贝也很聪明，他很机智地将其分散在全天当中，这儿10分钟，那儿15分钟。我们也知道，除了哭，他没有别的什么办法能让我们知道他饿了、冷了、肚子痛了。但是，如果我们给他喂了奶，盖了被子，按摩了他的腹部，他还是哭个没完，这又是怎么回事呢？其实，除了饿和不舒服需要哭一哭外，宝贝们还把这3个小时巧妙地分散在其他的需求中。

1. 健康的象征——“我哭，我健康！”

对宝贝来说，哭并不一定非得代表心情郁闷，他还需要用它来证明一下自己是极为健康的。因此，此种啼哭声音抑扬顿挫，嘹亮而极富节奏感，基本属于干嚎（无泪液流出）。这样的啼哭每天4～5次，累计总时长为2个小时，是语言的前期及另类的运动，不耽误饮食、睡觉及玩耍。如果轻轻摸摸他或朝他笑一笑，或把他的两只小手放在腹部轻轻摇两下，他就会立刻云淡风轻，艳阳高照。

2. 饥饿的象征——“我哭，我饥饿！”

初来乍到的，什么都还不懂，上天预支给宝贝的唯一技能就是饿了得赶紧用哭来通知人喂他。因此，在出生后的头3周，大部分健康的新生宝贝的哭多是因为饥饿，而且大部分新妈妈听到宝贝哭声的第一反应也是赶紧喂奶。只要含上乳头或奶嘴，小家伙马上就会安静下来，一脸掩不住的贪吃相，真让人无奈！

请记住饿哭的典型“音效”是：重低音，节奏感强，而且重复着一定的模式——先短哭一声，然后停半拍，再短哭一声，再停半拍，就像在说“饿——饿——”。此哭一直要延续到被妈妈抱起来喂奶，才肯罢休。

如果宝贝同时大张着小嘴四处寻觅，一旦有人抱他，不分男女，马上把嘴扎到其怀里直奔主题，这样的没出息相，只能代表

一种意思——他饿了！

3. 过饱的象征——“我哭，我肚撑！”

刚出生的宝贝的胃有些像鱼——不知饥饱。因此，当他吃多了难受时，就会用哭来通知大家。其声尖锐，两腿乱蹬，口吐奶汁。若把他的小肚子贴着妈妈胸部抱起来，哭声顿时会拔高两分贝，甚至呕吐。如果宝贝因为吃撑了而哭的话，就放任他哭一哭吧，因为哭可以加快消化，但要注意溢奶。

4. 口渴的象征——“我哭，我口渴！”

口渴的啼哭很好分辨。你会看到宝贝一脸的不耐烦，嘴唇干燥，时常伸出舌头舔嘴唇。止哭特效良方——喂水。

5. 意愿的象征——“我哭，我要抱！”

难道宝贝大哭只是想让你抱着他？太有可能了，这是那些比较“磨人”的宝宝惯用的手段。正哭得热闹的宝宝刚被抱起来就停止了哭泣，像音响开关一样有效，这就说明他或许需要皮肤与皮肤的接近。毕竟在长达9个多月的时间里，宝贝一直在一个温暖狭小的空间里生活，也许他还在怀念妈妈子宫里的幸福生活呢。外面的世界虽然很精彩，但那不是他熟悉的世界，适应还要慢慢来。因此，如果妈妈细心观察就会发现，有此需求时，宝贝的小脑袋会左右不停扭动，左顾右盼，哭声平和，还带有好听的颤音。妈妈来到宝贝跟前，啼哭就会停止。那双小眼睛巴巴地盯着妈妈，表情迫不及待，有哼哼的声音，小嘴唇翘起，这就是让妈妈抱抱的意思。

在宝贝3个月以内，你不必担心这样做会宠坏他。他只不过是喜欢听到妈妈的声音，喜欢听到熟悉的心跳，闻到妈妈的味道，这太正常了。

但是还得注意一点，别看宝贝人小，心性却是两极的，上次哭是想抱，而下次却是希望你放下他。他哭是为了想改变现状，这就比较考验妈妈的判断及想象力了。你可以多角度多方式地试一试，抱起，放下，摇摇……碰对了，他就不哭了。

6. 尿裤子的象征——“我哭，我尿了！”

尿裤子无论如何都不是光彩的事，宝贝对于这一点还是很有自知之明的。因此他的这种通知性啼哭声音较轻，无泪，大多在睡醒时或吃奶后出现，哭的同时两腿蹬被。不过，婴儿对脏尿布的忍耐程度是有个体差异的，有的宝贝会在第一时间让你知道出状况了，他需要“场地清洁服务”，也有的宝贝根本不把这当回事。

7. 嫌暗的象征——“我哭，我醒，我要光！”

有些宝宝的睡眠总像个倒时差的人。他的白天就是黑夜，尽管阳光灿烂，可他依然睡得一塌糊涂。可是，一到晚上就成了妈妈的噩梦，他会整夜哭闹不止，但只要灯一亮，哭声便立刻消失，因为宝贝认为终于等到了天光大亮！

8. 冷热的象征——“我哭，我冷（热）啊！”

新生的宝贝从那么温暖的母体中出来，当然最喜欢的还是身体暖暖的感觉，因为那和他们在妈妈肚子里的感觉一样舒服。可是，如果过热的话，宝贝也会不适。但是同冷相比，宝贝对热的抱怨不像成人那么直接。要想知道宝贝热不热，只能用手去摸摸他的耳朵、脖子和鼻子等露在外面的部位。如果出汗，那就是太热了，如果这些地方很凉，他很可能不够温暖，需要添加衣被。

而关于冷热的哭声，宝贝也会尽量分声演奏。如果冷了，那么宝贝的哭声便低沉而有节奏，哭时肢体少动，小手发凉，嘴唇发紫。但如果是热着了，宝贝多会大声啼哭，不安地四肢舞动。

另外，由于宝贝平时穿得总比我们多一些，因此如遇换尿布或给他脱衣服洗澡时，他也会突然大哭不止。这当然是因为冷热对比太过明显，他不喜欢被晾在外面那么长时间。因此你需要学习更熟练地为他换尿布和穿脱衣服，以减少他暴露在空气中的时间。

9. 困倦的象征——“我哭，我要睡！”

困了就睡，本不是个特别复杂的事情。但是放在一个不会表达心愿、想法，只会用哭笑来和你沟通的新生儿身上，这就变得有些复杂了。有的时候，我们哄逗着他正高兴呢，根本不会注意到小家伙打哈欠、揉眼睛等小动作，还在一相情愿地和他说个没完，这可就有麻烦了。宝贝被扰烦了之后，大发脾气在所难免，谁让做妈妈的你不识时务呢。

我们大人有时候累过了劲就会睡不着，小婴儿也是如此。当他们太过疲劳时，就会因为越累越睡不着而心烦气躁地号哭不止。这种哭声一般很强烈，而且多少有些像花腔一样，还带着颤抖和跳跃。此时最明智的做法是赶紧清场，让四周安静下来，让空气流通，把他放到小床上，轻轻拍抚。通常，宝贝越疲劳，就越不容易安静下来，抗议的哭声也就越强烈。所以，照顾宝贝时，要仔细留意他的这些身体小暗语，一旦发现他想睡觉的信号，就别再逗他开心了，否则只能好心办错事。

10. 烦乱的象征——“我哭，我嫌乱！”

嘈杂的环境会让每一个人都有厌烦的可能，新生的小宝贝也不例外。如果宝贝的哭声里带着烦躁不安的情绪，在确定了他不是因为饿而哭时，就应该再注意一下周围环境里的刺激是否太强了，比如强烈的灯光、嘈杂的声音、突然的移动，或者是你在抱他时摇动的幅度太大了。如果是这样，那就要尽量让四周归于平静，灯光调暗，声音降低，手臂轻摆等。情绪总是需要一段过渡时间，所以应先让他躺在床上发泄一会儿，然后再试着哄他入睡。

有些宝贝对外界的反应较为敏感，更容易习惯有规律的生活。因此，要努力让每天的喂奶、洗澡、散步、睡觉的时间都固定下来，这也能使我们自己更方便安排自己的生活。

11. 疼痛的象征——“我哭，我受伤！”

“哇哇！”随着一声极具爆发力的哭声突然而至，你就应该想到，小宝贝八成是身体上受到了伤害。所以，要第一时间检查一下是什么让他感到不舒服或哪里受伤了。也许是床栏卡住了他的脚；也许是被子角遮住了他的小鼻子头，使他呼吸不畅了；也许是有灰尘迷住了眼睛很难受；也许是被虫虫欺负了等等。

12. 害怕的象征——“我哭，我害怕！”

刚刚来到这个陌生的世界，周围的任何东西都有可能让宝贝感到恐慌，比如黑暗、独处、小动物、打针吃药或突如其来的声音等，五花八门。而这样的哭声多是突然发作，刺耳，伴有间断性号叫。此时就要细心体贴地守护在宝贝身旁，消除他的恐惧心理。

13. 想要游戏的象征——“我哭，我想玩！”

别看小宝贝才出生不久，但其个性早已显露出来了。比如对于玩的需求，有的小婴儿可以很长时间独自躺在自己的小床上不哭不闹，自己想着自己的心事儿；但有的小宝贝却几乎时刻不离

人。其实，这些比较敏感、警觉的宝贝有更强烈的与人交往的愿望。即使只有6周大，他也会因为“无聊”而用低声的哭泣来告诉妈妈，他需要看见她，或者需要换个环境换个心情。

此时，最好的办法就是轻轻为宝贝哼唱一首他最喜爱的歌，或者让那件彩色缤纷的吊挂玩具转起来，有时也许只给他换个睡觉的地方，他也能高兴起来，因为他能看到不同的“风景”了。

14. 不适的象征——“我哭，我不舒服！”

宝贝在生病时的哭声与前面所说的几种都不一样。生病时，小宝贝的哭声通常是虚弱的呜咽，但却是持续不断的，而且表现得无精打采、食欲不振，同时还可能有呕吐、腹泻、发烧等症状，这就需要抓紧时间去看医生了。

另外，宝贝如果已养成了洗澡、换衣服的好习惯，一旦不洗澡、不换衣服、被褥不平整、尿布不柔软，他也会因为不满意不舒服而啼哭。这就需要妈妈付出更多的耐心和努力来度过这段艰难的时间了。

15. 吸吮的象征——“我哭，我的饭难吃！”

饭不好吃了，谁都不会太开心。宝贝因为饭的质量而闹脾气、使性子的啼哭多发生在喂水或喂奶3分钟后。哭声突然阵发，往往是因为水、奶过凉或过热；奶头孔太小，吸不出来奶水；奶头孔太大，呛奶。

通过以上种种，可以看出宝贝哭声中的含义多么丰富。正如心理治疗师费里奥扎特所说，“婴儿的哭并不一定与他急迫的需要有关。当一个婴儿没有任何什么表面的理由而哭时，他是在自我修复。他最近或稍前一段时间经历了痛苦，当时没能表达出来，以内在压力的形式堆积在体内，现在，他需要释放出来。眼泪就是释放治疗程序的表达方式，眼泪并不代表痛苦，而是痛苦治愈的信号。”

因此，我们的婴儿哭，其实也是他对自己的一种关爱！想想我们自己，也许就好理解了。多少次，我们曾趴在亲人的肩上抽泣；多少次，我们也在泪水中发泄，之后，便是一阵说不出的畅快与轻松！因为“哭可以降低血压，驱除体内毒素，放松肌肉，重新调整呼吸。真正大哭一场之后，在深深的哽咽中，人们会感到放松”。

哭，是因为真的伤心了

一个不谙世事的小婴儿为什么会有那么多的泪水？这是初为人父人母的我们无论如何都想不通的一件事。确实，那些哭归结起来可以用一个词全部概括——失落！

一个还不会说话的宝贝时时都会被各种各样的失落感包围。

出生时被产道挤压，被产钳拿捏，这种种磨难，也许当时还没工夫细细回味，毕竟他还得忙着适应这个一片陌生的新环境。但是，过了几个星期之后，有些闲工夫了，这个小家伙才猛然间回想起来，顿觉当时自己是何等害怕、痛苦。为此，他开始抱怨出生时所受到的那些磨难。

这些旧的心痛还没来得及完全发泄呢，新的不满又接连而至。竟然让他单独在小床上躺了几个小时都不来抱一抱！难道不知道一个新生的宝贝是多么需要温柔、触摸、被人抱着、妈妈的气味以及爱抚吗？就这样，小家伙那小小的内心中便又聚集起另一种极大的不满，因此，他仍然需要通过哭来让自己的情绪获得一些释放。

除此，似乎还有许多值得宝贝泪下沾襟的“大事”呢，如吃奶不像预想的那么顺利，爸爸妈妈的笨手笨脚，以及他们的情绪低落等等。这时，宝贝的泪腺就如同一座永不干涸的泄洪水库一般，随心“发泄”。据费里奥扎特说，“宝贝的眼泪就像妈妈的乳汁，是根据需要而生产的”。

夜哭声声，不用止

婴儿的“泪水枪”不是在任何时候都发射的，而是在伺机而动！通常他会选在晚上，因为只有在夜深人静的时候，我们大人的心才能真正安静下来，能够真正把心思放在宝贝的身上。白天和他抢夺妈妈注意力的事物太多了，所以晚上才是最方便发泄不满的时机。

有专家曾建议说，“一个婴儿的生活需要陪伴，需要尊重，要让他的情绪发泄出来。因此，当他哭的时候，别试图让他停下来，相反，要支持他的眼泪”。此话一出，立刻遭到众多父母的白眼。试想，谁能受得了那刺耳且持续不止的号哭？何况，还得背上个扰邻的罪名。

尽管专家的话多少有些站着说话不腰疼之嫌，但是他的另一番话还是有些道理的：“一定不要对他的哭惊慌失措。你越惊慌，婴儿越容易大哭不止。当他哭的时候，试着用眼睛非常柔情地看着他，坚持下去。这样，抱着迎接的态度，你会感到他会有所改变。”所以，请接纳这一新的观念：哭对宝贝而言不一定是痛苦。请不要慌！

再见了，眼泪

随着年龄的增长，宝贝的眼泪越来越少。4～5岁时已基本是个坚强的孩子了，主要还得归功于语言。孩子越大，会说的话越多，就越不需要借助眼泪这个讨人烦的工具。另一方面，他也“成熟”了。“这个年龄段的孩子，大脑的成熟使他能抗击伤害，懂得等待”。

当然，还有他的生活空间的作用。他有了随时出去看世界的自由，有了可亲可爱的小伙伴。“8岁时，孩子们慢慢地脱离了‘自我中心’，学会关注外界，关注小伙伴。他不仅仅看重爸爸妈妈对他的看法，小伙伴对他的评价也很重要”。

虽然他还会抽泣，但是早已羞于那种号啕大哭了。如果伤心，他更愿意躲开大家的目光偷偷地哭泣。而这个时候，我们大人能做的就是，不要惊慌地追问他：“宝贝！你为什么哭？为什么？快告诉妈妈！”更不能因此而责备他的不懂事：“哭什么哭！这么大了还就知道哭！”其实，只要静静地搂着他，轻轻说一句，“我知道你一定很不好受”，等他情绪稍稍稳定下来，就会主动告诉你令他伤心的一切理由。

恋恋不舍

孩子对父母依恋关系的产生是其安全感、自尊心、自制力、社会技能的起源。建立了亲密而温暖的依恋关系的孩子能够更好地应对生活中的压力与挫折。那如何与孩子建立良好的依恋关系，如何应对孩子的情绪反应，从而促进其成长发育呢？

开启“依恋”的小窗户

八个月时，家里那个小宝贝的情感突然变得炽烈而浓厚。妈妈仿佛就是他的情绪晴雨表，他脸上到底是灿若桃花，还是一片阴云，全看妈妈是否近在身边。除此，他还懂得使用各种沟通技巧——哭、笑、咿咿呀呀等来缠着妈妈。再过一阵子，他更会爬着、扶着、挪移着，时刻追随在妈妈身后，一个十足的小跟屁虫。

为什么会这样呢？据专家们分析，如果以最原始的心理推究，这种跟屁虫的心理主要还是建立在宝贝对安全需求的基础上——他们天生具有躲避捕食者的动机，而随着心智的发展，他们开始知道某个特定的人能够提供给他们最安全的保障，而这个人通常就是妈妈。

这么浓厚的依恋之情也成了宝贝进入小社会的绊脚石，因为他离不开妈妈。如果妈妈不在身边，他就会神不守舍，什么都不想做。而妈妈也被他弄得身心疲惫，每天早晨去上班前都得经历一番有如生离死别的磨难，即便已走在了上班的途中，满脑子依旧是宝贝那张悲情无限、眼泪横飞的小脸。

其实完全不用为此事心怀不安，宝贝能有如此表现还应为他高兴呢。因为如果一个婴儿开始懂得粘着大人不放，即表明他的情绪发展向前迈出了非常重要的一大步，这也是宝贝的安全感、自尊心、自制力和社会技能的起源。

要知道在此之前，虽然父母亲在宝贝出生后就对他疼爱不已，但是宝贝却因为自身那个负责情感工作的大脑边缘系统发育还不完善而响应缓慢，这多少给父母那颗火热的爱子之心泼了些凉水。但是，等宝贝满半岁后，脑前叶一旦开始加速发育，就可以感觉到真正的亲情了。他突然明白了，妈妈，这个一向负责喂他、给他换尿布、哄他、抱他的人是自己生命中最为重要的人，因此对妈妈的依恋也在此时萌发了。

人的各种高级心理活动，如意识、思维、想象、情感、认知、运动的组织和计划、注意等等都和前额叶皮层的功能有关。

萌发于此时也是有道理的，因为在宝贝将满一岁之前，当他会爬会走之际，对外界的探索之心也越来越强烈。但是，对一只刚刚学着离巢的小鸟来说，大后方的安定是极为重要的，他得确保自己的大本营以及大本营里那个照顾他的人不会突然失踪，相反会永远等在那里，随时守候着他。他希望自己是妈妈的全部，正像妈妈是自己的一切一样。只有这样，他才能放心、大胆、勇敢地去外面进行探索活动。所以，宝贝每次出去探险前都会不时地回头确定一下妈妈还在那里，这让他感觉内心安定，不再害怕外面的未知世界。

相对，如果妈妈不能给宝贝提供这种心理上的安全感，宝贝在游戏的过程中就无法全身心地投入，因为他担心妈妈会随时走掉。而有安全感的孩子可以在妈妈回来之后迅速回到游戏中，因为他对妈妈有信任感，他知道妈妈的离开只是暂时的，妈妈离开了以后会马上回来，所以不会过分担心。

科学真相 Point

研究发现，在面对巨大的恐惧和紧张压力时，人的脑部会释放出大量的皮质激素（一种应激激素），而有着安全依恋关系的婴儿在紧张和恐惧实验中产生的皮质激素量较低。可以看出，与照顾者建立了亲密而温暖的依恋关系的婴儿能够在以后的生活中更好地应对压力与挫折。因此，父母与孩子建立的依恋关系的好坏，对孩子所有情绪反应的敏感和应答程度，都会影响孩子的大脑发育。

20世纪40年代末，英国精神病学家约翰·鲍尔比应联合国世界卫生组织的要求，对无家可归的儿童以及失去母亲或长期或短期与父母分离的儿童进行研究，并发表了著名的研究报告《母亲护理和心理健康》。

鲍尔比和同事在他们的报告中指出，过早离开父母的婴儿不能很好地与人相处。他们怕做游戏，怕冒险，怕探索，表现出一些行为及交往障碍。婴儿对母亲的爱、对母亲陪伴的饥渴同他对食物的饥渴是一样的，母亲的离去必然引起孩子强烈的失落感和愤怒感。鲍尔比确信，保证心理健康最基本的东西是婴幼儿应当保持与母亲或一个稳定的代理母亲温暖的、亲密的、连续不断的联系，孩子由此可以得到满足和愉快。因此，在婴儿生命的最初3年里，一个主要任务是使孩子至少对一个人产生依恋感，否则，这个孩子在今后一生中都有可能不会和人进行正常的情感交流。

为了进一步说明这最初3年的发展进程，鲍尔比还为依恋关系的发展划分了4个阶段：

第一阶段：无差别的反应期（0～6周），婴儿对所有人的反应都是一样的。第二阶段：依恋关系建立期（6周到6～8个月），婴儿对人的反应有了选择性，对母亲和熟悉的人有更多的微笑反应。第三阶段：依恋关系明确期（6～8个月到2岁），婴儿开始特别愿意和依恋对象在一起，这个依恋对象大多是母亲，也可以是父亲和其他给予婴儿情感呵护的照看人。只要母亲在他身边，婴儿就能安心玩耍，探索周围的环境。第四阶段：交互关系形成期（2岁后），在这个阶段，婴儿获得了自我的观念，并且开始理解其他人的某些观点。知道了母亲爱自己，知道交往时应考虑到母亲的需要和兴趣，同时会据此调解自己的情绪和行为反应。

在三四岁的时候，儿童开始把母亲看做有感情、有动机的独立的人。为了相互适应，儿童必须能够了解别人，能设身处地地为别人着想。

另外，依恋之情的窗户之所以在6个月时才打开，主要还是受限于脑前叶的缓慢发育。依恋产生之前还必须拥有另一个认知能力，即明白物体恒存，知道人和事物虽然离开视线却依旧存在。如果宝贝对人或物连一点记忆的能力都没有，也就无所谓产生依恋之情了。而短期记忆所需的前额叶皮质的功能，也是在婴儿半岁以后出现的。

但是，这份依恋之情的建立也是有时间限制的。从上面的几个阶段中可以发现，此时限通常就在婴儿生活的最初2年中。这个时期是宝贝大脑情绪系统发展的主要时段，它就像个“机会之窗”一样，此时不铺垫上情感之石的话，窗户一关，就不太容易再进去搞基本建设了。

到底怎么看宝宝和妈妈之间的依恋关系是否健康呢？发展心理学家玛丽·安斯沃斯在1978年总结出了一套简单的判断依恋关系的方法。实验过程是这样的：

（1）妈妈和宝宝一起在一个陌生的房间玩耍；（2）妈妈坐下来，让宝宝自由地探索；（3）房间里进来一个陌生人，先和妈妈说话，然后再和宝宝说话；（4）妈妈默默地离开，留下宝宝和陌生人；（5）妈妈回来，和宝宝打招呼并安慰宝宝，陌生人离开了房间；（6）妈妈再次离开，留下宝宝独自一人；（7）陌生人回到房间，和宝宝一起玩；（8）妈妈回到房间，陌生人离开。

在此期间观察宝宝的表现，尤其是妈妈不在的那段时间的表现，就可以看出宝宝和妈妈的依恋关系。

安全依恋型：如果宝宝在妈妈不在的时候出现不安和焦虑，

甚至开始哭，不再理会房间里的玩具，又在妈妈回来后，很快被妈妈安慰，然后重新开始玩耍，说明妈妈能给宝宝带来一种安全感。这样的宝宝长大之后，会对周围的人也产生信赖感。在受到挫折的时候，他坚信别人对自己的关怀和支持。可以说，他是一个相信爱的孩子。他相信别人对他的爱，也会对别人付出爱。

回避依恋型：宝贝并不寻求接近妈妈，而且在妈妈离开后，他似乎看起来并不难过。此外，当妈妈回来时，他似乎在回避她，比如假装没有看到妈妈回来，故意转过去背对妈妈，表现得自己一点也不难过。总之，对妈妈十分冷淡。大约有20%的一岁宝贝属于这个类型。

矛盾依恋型：宝贝对妈妈表现出一种既积极又消极的混合反应。刚开始时，矛盾型宝贝会紧紧地挨着妈妈，几乎不再去探索环境。他甚至在妈妈离开前就显得有些焦虑，而当妈妈真的离开时，宝贝会表现出巨大的哀伤，大哭大闹，非常难过。然而一旦妈妈回来，宝贝却又表现出矛盾的反应，一方面寻求和妈妈的接近，另一方面却又踢又打明显十分生气。大约有10%～15%的一岁宝贝属于这个类型。

宝贝的这些表现，都是妈妈平时和宝宝相处时采取不同方式的结果。

婴儿依恋的分类

标签	寻求接近照看者	保持与照看者的接触	避免接近照看者	抗拒与照看者的接触
回避型	低	低	高	低
安全型	高	高	低	低
矛盾型	高	高	低	高
混乱型	不一致	不一致	不一致	不一致

|指导小手册|

妈妈如何避免宝贝不健康的依恋关系

对小婴儿的愿望和需求非常敏感，是安全依恋型婴儿的妈妈的共同特点。此类妈妈知道小宝贝的心情，而且在和宝贝互动的时候，能够理解宝贝的感受。在面对面的互动中，她也会有所回应，孩子一有需要便会进行安抚或喂食。

当然，并不是说只要我们时时刻刻都关注着小宝贝的每一丝风吹草动，并及时给予回应，就可以保证他成为一个安全依恋型的宝贝。安全依恋型宝贝的妈妈应当提供的是“适当、适量”的反应。事实上，研究表明，过度回应和回应不足一样，都可能造成非安全依恋型的儿童。相反，以同步互动方式沟通的妈妈，更可能产生安全依恋型的宝贝。

那么，怎样做才是适当、适量的同步互动沟通呢？比如宝贝哭了，妈妈如果能很快地做出抚慰的回应，则属于同步互动回应。而如果宝贝只是稍稍哼了一声，妈妈就紧张万分地赶紧过去又哄又抱，则属于过度回应。

做个袋鼠妈妈——别与宝贝分开太久

对于新出生的宝贝，妈妈需要付出的时间是非常多的，必须做到随传随到。如果宝贝需要你的时候你总是处于“离线”状态，就会让他慢慢对你的离开与回来都无所谓，因为他并不期望妈妈对自己付出关怀。

当他长大之后，内心深处对人情冷暖的模板就是，别人对自己都是冷淡的、不友好的，没有人无条件地真心真意关心自己。不仅这样，因为小的时候没有得到适当的关怀和爱护，这样的宝贝会潜意识地认为自己是理所当然不值得爱的。缺失了这份自信的孩子，在面对感情问题的时候常常会采取回避的态度。更严重的是，因为压抑了对别人的关怀的渴望，又因为没有得到关怀的失落，这种情感有可能转移到另一方面，即容易变得多动，甚至有暴力倾向。

做个永远阳光的妈妈——别对宝贝忽冷忽热

哄孩子确实是个重体力活儿，心理与生理都要付出相当大的努力，这对成人来说真是一种对耐心的考验。有些妈妈的心理承受能力便在这一过程中有如过山车一般，忽高忽低，有的时候对宝贝呵护备至，有的时候又根本不愿搭理宝贝，一切以自己的情绪为主，从不认为那个不懂事的小东西也有情绪，而且其心理更脆弱。妈妈如此疏离，宝贝自然无法与妈妈形成一个默契的相处模式，因为他不知道妈妈下一秒是会满脸烦躁还是会把自己又搂又抱。这种不确定性，更加促使宝贝努力为自己多争取一点妈妈的关心，而他唯一会用的办法就是大哭大闹。他想，也许这样才能引起妈妈的注意，让她多抱自己一会儿。

如果宝贝存着这样的心理，那么，他最害怕的就是妈妈的离开，即使是妈妈回来以后也很难平抚下来。这是因为他不知道妈妈什么时候会再次离开，他的心里充满了不安。这样的宝贝长大之后最突出的表现就是很不自信，总是需要外界的不断肯定来确定自己的价值。因为把注意力都转移到了外界，内心反倒是空虚的，也就是说，这样的人得焦虑或忧郁症的几率比较高。

做个沉稳的妈妈，别让自己的情绪没了方向

研究发现，如果妈妈在和宝贝的相处过程中，做出了一些让宝贝害怕的动作。比如说，妈妈因为某事，心理受到了严重的打击，以至自己经常会不知不觉地陷入一种失神状态。这种面无表情的失神状态，对宝贝来说是一件非常可怕的事情。妈妈似乎变成了另一个人，与自己失去了联系的纽带。此外，还有些妈妈在逗弄宝贝时有失分寸，总喜欢和宝贝玩些惊吓游戏；而另一些妈妈们，又总是声色俱厉。这种种不适当的养育方式都让宝贝心神不安。因此，他们便会表现出一些让人无法理解的动作，似乎想要和妈妈接近，但在亲密的过程中又突然停止，仿佛不敢接近。就和妈妈对他的表现一样，一惊一乍的。

其实，我们人类的婴儿同其他动物相比，生命脆弱得如同一块易碎的玻璃，妈妈的呵护是它得以生存下去的基础。所以宝贝没有选择，只能依赖妈妈。如果这唯一可以依赖信任的对象却是那么不可亲近，处在这样进退两难的尴尬状况中的宝贝，其内心受到的折磨是难以言说的。一旦关系变得不再温馨、安定，即使日后长大成人，其心理依旧无法放松、释怀。

温馨提示

一个“忙”字造就了许多无奈且无力解决的新问题，越来越多的宝贝被送给老人或保姆代养。当然，如果在依恋关键期，宝贝能与奶奶、外婆、保姆或者爸爸之间形成一种安全的依恋关系，其心理依旧可以健康而阳光。但是，这个前提是，此阶段的抚养人一定要稳定，不可变来变去，因为宝宝需要一个安定、可信赖的环境，

“依恋”的缘由

曾有一个故事说，小鸭子从壳里钻出来第一眼看到谁，就会将其认作是自己的父母，从此亦步亦趋地紧紧跟随。而在依恋期中，小婴儿的行为与小鸭子的这种本能极为相似。

再比如与人最相近的猴子，尤其是小猴子，整个婴儿期都紧依着母猴。母猴若是放下小猴走开，小猴就会哀号。如此寸步不离而形成的亲密关系，是小猴的情绪健康与正常社会发展不可或缺的。这些都是脊椎动物进化史上早有依恋行为的证据，可见这种依恋心理并非可有可无，而是先天遗传之中根深蒂固、最原始、最自然的心理需求。

既然依恋这么重要，为什么会迟至婴儿半岁以后才产生？如果一出生就紧粘着妈妈，在他最脆弱的时候就开始依恋母亲，岂不是对他自己更有利？

我们在前文曾讲过，这种心理的产生取决于生理条件的具备与否，即大脑的发育脚步影响着宝贝依恋心理产生的时间。此

外，心理学家们又从另一个角度再次说明了，大自然为我们规划好的这个产生依恋心理的时间真是再合理不过了。纵观各类动物的发展，依恋往往和一个发展里程同时产生，依恋开始于有独立行动能力的时候。各种不同的动物都是在自己能行走的时候表现出依恋行为的。也许人类的婴儿在没有能力自己爬行之前，并不需要有依恋他人的亲密关系。

因此，只有当宝贝长到大约8个月大时，当他自己的行动力越来越强，活动范围一点点扩大的时候，才突然意识到，妈妈原来并不是自己的附属品，而是一个可以离开自己、四处活动的独立个体。同时，他变得害怕陌生人。伦敦南岸大学的儿童心理学教授大卫·梅塞尔认为："8个月大的宝宝正好处于能够四处爬行、移动的时候，因此，当妈妈离开他时，他开始试图阻止妈妈离去，从而引起了混乱。在此之前，宝宝不会想到他能有什么办法阻止妈妈的离去，现在，他开始用哭泣来挽留妈妈，如果哭泣奏效了，下次他就继续使用哭泣来阻止妈妈的离开。"

另一个使得不同年龄的宝宝出现黏人情形的原因就是生病。伦敦市的欧比·阿马迪医生说："宝宝不舒服的时候，十分需要一个熟悉的、能够安慰自己的亲人在身边。当宝宝看到妈妈正准备把自己交给保姆或者其他人时，他会很焦虑，因此开始哭泣，并紧紧地粘着妈妈。"

谁是模仿大师

模仿是人的天性。互相观察、互相模仿，当与别人一致后，我们便能从中获得一种归属感以及被认可、被接纳的喜悦。所以，这个模仿并非可有可无，它是自然赋予我们的一种本能，就在这种本能中宝贝逐渐学会了发声、手势、表情……但是，父母应该如何正确引导和树立榜样呢？

宝宝的模仿之旅

初生的宝贝没有语言，除了哭，唯一能和你“聊天”的方式就是模仿你。模仿看似简单却很有效，可以一下子抓住你的心、你的目光，让他愿意一试再试，意犹未尽……

这是上天赋予他的又一个特殊的本领，凭借着它，宝贝才得以一点一点地学会了一切。而我们也在这被模仿中渐渐学会了为人父母。

当你喂小宝宝吃饭时，把小勺递到他面前，宝宝自然地张开了嘴，等着品尝美味。而你看着看着，嘴也不由得张开，你们到底是谁在模仿谁？

荷兰阿姆斯特丹大学的社会心理学教授艾普·迪叶特斯特辉解释说：“在五分之四的情况下，是孩子看到伸过来的勺子后先张嘴，然后父母才模仿孩子的动作；余下五分之一的情况是父母先演示，孩子再模仿。” 这个简单的喂饭的例子说明，模仿不是单向的，模仿其实就是父母和宝贝之间最初的一种交流方式。

不仅如此，艾普教授还告诉我们：“如同水中的鱼群居群嬉一样，人也时时参照周边的人们，互相观察、互相模仿。当与别人一致后，我们便能从中获得一种归属感以及被认可、被接纳的喜悦。所以，模仿并非可有可无，它是自然赋予我们的一种本能，就在这种本能中，宝贝逐渐学会了发声、手势、表情……”

其实，早在诞生的那一刻，宝贝的模仿之旅就已开始了。一位儿科老专家就曾在一名刚刚出生8小时的小女婴身上验证过。首先，老专家和小婴儿互相注视，随后，老专家慢慢地伸出他的舌头，稍候片刻，小婴儿也伸出了她的舌头。看到这一幕，在场的大夫和护士们都感到很惊奇。有人建议，让这个新生儿一个一个地、面对面地和所有的工作人员见面，包括老专家，但有一条规定——和小女婴见面者切勿伸出自己的舌头。结果，只有见到老专家时，不管老专家的面部表现如何，她都会伸出她的舌头。多么有趣的一个场面，不是吗？

而到了2～3周之后，宝贝开始能够挥动着小手指，学习你的手势了。第6周至5个月的这一阶段，宝贝会跟着大人发出声音，你对他笑，他也会以笑脸回报；你张开双臂，他也会张开双臂了。

在模仿中，宝贝与大人们交流着；在模仿中，宝贝知道了肢体该如何运动；在模仿中，宝贝渐渐意识到自己有着与大人一样的脸；在模仿中，宝贝明白了不同的心情应该用不同的表情来表现。自己很高兴时，他知道应该用一个微笑来告诉大人们，之后，他便会看到一张同样的笑脸。因为，笑是会传染的。

4～6个月的时候，宝贝的协调能力渐渐增强，他们开始学习像大人那样摆弄物件。

到了8～12个月，宝贝已经完全掌握了我们逗他时的所有本事，比如他会把小脸藏在毛毯后面，同你开玩笑；还想学你的样，做你正在做的事。

宝贝1岁的时候，学到的一个最重要的动作是用食指来指方向。因为在过去的一年里，他经常在爸爸妈妈的手指指引下发现有趣的东西，现在他也会用手指引导大人的视线了，让爸爸妈妈陪他一起看那些他觉得有趣、兴奋和害怕的东西。

当然，宝宝的本意不是要我们注意某样东西，而是期望大人多多关注他。宝宝开电视机，摆弄遥控器，如果大人不搭理他，他会一直玩下去。

12～18个月的时候，宝宝会使用调羹了，什么都想自己试试，想跟妈妈一样自己从碗里舀东西，想自己倒牛奶。宝贝可能把餐桌弄得一团糟，但是千万别因为杂乱无序而责备他又在调皮捣蛋，他的的确确是在学习。想想你自己学开车时是否也是手忙脚乱的呢？

到了宝贝18个月的时候，他一边继续着模仿之旅，一边渐渐明白了大人也不是想做什么事都能做成功。他看到妈妈无法搬动那个大箱子，爸爸打不开那把生锈的锁。他们开始模仿在电视中看到的人物，学他们的样子跳舞、唱歌、做事。这个阶段的孩子隐约知道电视里的人和真实生活中的人是不一样的，但他们还是急于把从电视中、小伙伴和周遭的大人那里学来的东西表达出来。

到快2岁的时候，宝贝简直迷上了大人的日常行为，想学你洗碗、扫地、吸尘。看到爸爸在墙上钉东西，他也找来小锤子，往墙上敲。

有位妈妈发现2岁的女儿同3岁的表姐在玩游戏，她要表姐睡觉，拍拍她的头，在她脸上吻了一下，就像平时她临睡前妈妈为她做的一样。妈妈感动不已，想不到自己平时的行为

这样深印在女儿心中。

宝贝3岁了，想象力越来越丰富，于是他会把鞋子当做一辆车，把铅笔当成妈妈烧菜的勺子。他喜欢跟妈妈在厨房里玩，真希望自己马上就成为一个大人！

细说模仿

模仿——你们能做的，我也会做啦！

“每当我看见爸爸妈妈可以那么自如地拿取某个东西的时候，我真是羡慕极了！幸好，我6个月大的时候也能玩这种抓起放下的游戏了，那可真是好玩呢。攥紧，松手扔掉，再拿住，再扔掉，一次又一次，呵呵，我的小手终于能听从我的指挥了，我可高兴了。除了这些，我还能趁妈妈不注意把她洗好的葡萄拿来捏，只要我的手一用力，就会流出好多水，看我很有本事吧。昨天，爸爸居然能把那么一大张纸揉成个小球球，我也得试一试。呵，看，好容易嘛，而且，这个纸的声音还很好听呢。这些可都是我自己亲自制造出来的，现在我觉得自己真的很能干呢。我相信，到我15个月大的时候，一定还能拿起梳子，就像妈妈那样一下一下地给自己梳头发。到那时，凡是爸爸妈妈能做的，我也一定能学会！”

科学真相 Point

德国慕尼黑马普研究所研究认知和行为发展小组成员艾儿丝纳博士说：“婴儿在9个月到12个月大时达到模仿的高潮阶段，此时他们理解他人行为的能力也得到了发展，而且有了‘行为导致结果’的意识。也就是说，我们成年人会知道其他人的行为是有意义的，比如我们看到一个人进了厨房，就会推测他去那儿是有目的的。而孩子呢？他虽然还不清楚会产生什么样的结果，但已经开始把事物与目的结合起来。”

艾儿丝纳博士和同事一起研究2岁的孩子是否同成人一样思考。最初的结果表明，孩子对模仿事物的意义有自己的理解：“大人若是像孩子一样把玩具塞到嘴里的话，孩子先是很吃惊，但他们并不去模仿。”知道了这一点，下次你逗孩子玩时可别被那聪明的小脑袋瓜取笑哦。

总之，模仿带给宝贝一个个重大的发现：哦，原来生活是这个样子的！

模仿——妈妈快乐了我才能快乐

“谁都有不高兴的时候，虽然我还是个小婴儿，可是也会有不顺心的时候。不过，每到这个时候，只要妈妈冲我甜甜一笑，我的那点不开心就一下子都被赶跑了。妈妈可会变换脸上的表情了，我总是忍不住要跟着学：她哈哈大笑，我也赶紧跟着大笑；她把眼睛瞪得大大的，我也尽量让自己的小眼睛睁得圆一些。除了这些面部表情之外，妈妈的情绪我也能模仿，她惊讶我就跟着惊讶，她紧张我也害怕，她生气的时候我的心情也好不到哪去……一句话：模仿，能让我感受到妈妈的心情。”

科学真相 Point

在人们模仿他人表情的同时，理解他人的情感也就更容易了。英国学者的一项最新研究也证实了这一点。他们发现4个月大的婴儿就能识别人们的面部表情，他们在会说话前已经懂得他人的非语言交际信号，比如友好的微笑。

来自英国大脑和认知力发展研究中心以及伦敦大学的学者们组

成的研究小组对一些4个月大的婴儿进行了测试，一种情况是让人与他们相互注视，另一种情况是转移注视他们的目光，两种情况后都作出抬高眉毛微笑的表情。与此同时，研究人员检测婴儿们的大脑血氧水平，并使用近红外线扫描婴儿的脑部并拍照，以及观察他们的脑电波。

结果显示，婴儿们能意识到别人的注视，当他们看到自己被人注视时，大脑皮层会受到刺激，而他们所使用的大脑区域和成人被注视时一样。研究人员表示，这一能力是社会交际能力的基础，对社交能力的发展非常关键。

而神经生理学者则进一步发现，大脑具有使人拥有模仿能力的神经细胞——镜像神经元。它不仅仅在做动作，如用手抓拨浪鼓时活跃，而且在观察别人如何拿起拨浪鼓时也变得活跃。大脑会模仿该动作，同时会设想他人大脑中的意图：他想拿起拨浪鼓晃动发出声响。镜像神经元能让人通过模仿推己及人，从而更加体谅他人。再简单一点说，通过对周围人表情的模仿，宝宝学会了善解人意。

镜像神经元：是脑神经学研究者于1992年发现的。在恒河猴的脑内，发现有一群神经元，不只在猴子自己做动作时会活化，在猴子只是看到别的猴子或别人做动作时也会活化。之后证实在人类大脑里也有镜像神经元。它主要是在脑中投射别人的行为或动作，让我们可以解读别人的感受或情感意图。

有学者认为，自闭症儿童之所以无法和别人沟通、分享想法和情绪，有可能是因为他们的镜像神经元功能受损。

模仿——你说一句，我跟一句

我们在和小宝贝说话时会不自觉地用上“妈妈腔”，讲话的节奏长而缓慢，几乎像唱歌一般，而且经常要把自己所说的和所做的重复几遍。对于这样的交流方式，宝贝会做何反应呢？仔细观察一下他的反应就会发现，宝贝原来一直在“密切注视”并“回答”着我们。尽管他可能还不会说话，但已经能学着我们的口形做出一种要说话的pose（姿势）了。

|指导小手册|

在宝贝的小世界里，能让他时时关注的人并不多，于是爸爸妈妈便成为他最直接的模仿对象。凭着一颗细致的心，宝贝以全方位的扫描之势模仿着、学习着。渐渐地，其模仿能力随着认知能力的提高而提升。而我们能做的，就是为他提供一个良好的“模仿环境”和“模仿榜样”。

模仿与反模仿

我们是宝贝的模仿对象，这似乎是件极为正常的事情。但是，如果能偶尔反其道而为之，其效果也许会令我们惊叹不已。那就尝试着模仿一下宝贝的行为吧，实际上这也是向他传递了一种肢体语言，是表扬和认可宝贝的一种很好的方式。当我们模仿孩子的时候，他会感到自己得到了爸爸妈妈的尊重和认可，会变得更积极更自信。所以一旦宝贝有了好的举动，比如用自己的小手给娃娃洗脸，如果你看见了他这么有模有样的动作，请立刻放下手中的活儿，过来模仿着他的样子做一做吧，宝贝会从中获得一种被认可被肯定的成就感。而当宝宝模仿了我们的一些不错的行为，比如捡起地上的废纸扔进垃圾箱，你的微笑、拥抱和夸奖则是对他最好的鼓励，能激励他继续努力做得更好。

扩展式模仿

宝贝从模仿中逐渐获得丰富的想象力及认知力，但是只有我们这一个模仿对象还是不够的。所以，当宝贝拿着香蕉当话筒模仿着电视上的歌星唱歌的时候，他俨然成了一位歌唱家；而当他学着动画片里的英勇人物去帮助别的小朋友时，他将在模仿中培养出自己的同情心与正义感。而我们所要做的，就是给孩子及时的鼓励和恰到好处的指导，比如说清楚歌词或给出具体的帮助小朋友的方法。

无论如何要相信这一点：宝宝对正确的事物模仿越多，积累的经验就越丰富，想象和思考的空间也就越开阔，创造的灵感随之越活跃。

把缺点藏好了才能做榜样

许多时候，我们并不知道自己身边的那个小家伙其实还是个摄像机，会把我们的许多行为举止依样拍下来，用他们自己的身体演映出来。而对于这些行为举止，我们自己大概还有些不自知呢。比如性格，许多人都以为性格是遗传而来的，可其实呢，遗传只在其中占50%的成分，另外的50%便全部由环境及身边人的影响决定了。我们的思维方式、做事态度、待人行为等等，都会让宝贝模仿去。简单地说，当一个一岁的小孩每天早上都看到父母在佛龛前双手合十，他就会学着父母的样子，跟在他们的身后合上自己小小的双手。渐渐地，孩子也有了信仰，一走到佛龛跟前，他就会不由自主地叩拜起来。这就是说，无论好坏行为，宝贝都会来者不拒地全盘接受，因为他还没有判断力。所以，就连我们同爱人吵架的样子都会在宝贝心中划下印迹，因为粗暴的形象一刹那就能在宝贝心中刻下深深的烙印，这会导致他们在愿望得不到满足或心情不好的时候，最先“反射”到大脑的解决方式就是以同样粗暴的方式对待周围的人。因此，古语所说的“近朱者赤，近墨者黑”还是非常有道理的。

再比如，宝贝某一天突然用那小胖手夹着一支笔做出个吸烟的样子，当下引得众人哈哈大笑，一时兴奋还禁不住拍拍他的头夸奖说“真聪明，学啥像啥”。如果我们真这样说了做了，那将是对宝贝的一种误导！因为我们这种关注与表扬会让宝贝模仿得更起劲，日后就可能从爸爸的香烟盒里拿支烟小试一番。

对付宝贝这种不良模仿的最好办法就是“将问题冷冻起来”——得不到回应，他自然也就失去了再次尝试的热情。

发现自己

自我意识是对自己身心活动的觉察，随着孩子的成长，其自我意识会越来越强，成长的烦恼会随之而来——孩子开始越来越多地冲你说“不”。那么，父母该如何面对孩子的这种自我意识？如何陪伴孩子顺利地度过这个成长期？

我是谁

如果你问一个2岁的小姑娘她是谁，她的回答将是五花八门的。也许她会告诉你她的姓名，或者回答说自己是个女孩而不是男孩。如果你问她是大人还是孩子，她也许会说：“我还小！爸爸是大人。”或者她会说：“我是大孩子了！”因为她知道自己已经不再是婴儿了。这些对自我的了解看似零零碎碎，但拼凑起来却表明宝贝身上发生了一个重要的转变：宝贝的头脑中已开始慢慢形成了一幅图画，这幅图画向她展示了自己是谁！这种对自我的认识是从什么时候开始的呢？应该说，婴儿对自己的关注是由他们的天性决定的。

科学真相 Point

加拿大安大略省约克大学的玛利亚·莱格斯特及其同事做了一个实验，来测试婴儿是否对观看自己的图像、别的婴儿的图像及其他物体的图像有不同偏好。莱格斯特向一组5～8个月的婴儿分别展示了他们自己的照片、其他婴儿的照片或一个物体的照片，然后记录了婴儿们看不同照片的时间长度。

最后，她发现5个月大的孩子花在看自己照片上的时间最多，而8个月大的孩子则花在看别的婴儿照片上的时间最长。似乎越小的婴儿越偏爱看自己，婴儿长至8个月时，开始明白无须再把注意力集中在自己身上。他们关注别人，也就意味着他们开始明白自己与别人是不同的。

不过，真正的自我意识是在出生后第二年才显现出来的。在一个传统的实验中，先要求孩子照照镜子，随后妈妈把他们叫过来，在他们的鼻子上画个小红球，然后再让他们去照镜子。一岁以内的孩子对此没有任何不同的反应。但是，对15～24个月的宝贝来说，摸自己鼻子的比例上升了很多。这个事例说明了孩子们开始意识到镜子里鼻子上带红点的孩子就是他们自己。

之后，在这一年里，宝贝的自我观念会不断扩展。他会急着告诉你他喜欢的事物——玩具熊和巧克力，以及他讨厌的事物——幼儿园的铃铃和下雨不能出去。因为他正忙于树立一种自我意识，并积极地期望能够向他人展示自己会干什么，所以一有机会，他就会试着表现一番。

而这就意味着，他开始越来越多地反抗你的命令，冲你不停地说“不”。比如你本想帮她穿上件小棉衣，可他却挣扎着抢过衣服尖叫道：“我自己来。”这简单的抗议多少让妈妈感到沮丧。可是宝贝却能从这小小的胜利中体会到一种前所未有的自我实现的乐趣。

当然，如果我们充分理解了他的这一小心思，就可以对他的那些小技能的获得多给予一些积极的评价，从而宝贝的自我观念就会增强。因此，许多聪明的父母就利用宝贝对于自身的浓厚兴趣和注意力，很巧妙地将自己的一些家庭教育政策推行下去。比如当他自己想出办法解决问题的时候，表扬他是个能干的孩子；当他与小朋友分享他的新玩具时，夸奖他是个善良的好孩子。就这样，宝贝们对于自己是谁和自己能做什么的意识就在这不断的表扬中再次增强。

宝贝的情绪调节法

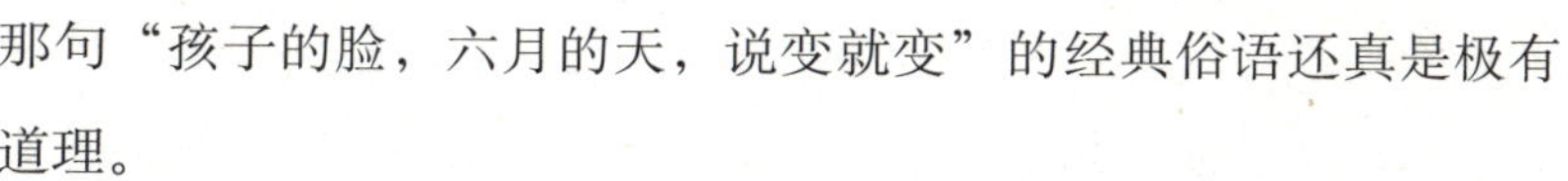

谁都有情绪不好的时候，年幼的宝贝更是如此。今天小丽没有给他玩那只花皮球，他会大声向你哭诉一番；刚才你没同意他去雨里踩水，他也会立刻让自己的脸上泪流成河……总之，那句“孩子的脸，六月的天，说变就变”的经典俗语还真是极有道理。

如何让我们宝贝的情绪慢慢变得理智，并让他懂得克制，学会控制呢？恐怕我们唯一能教给他们的就是一套“自我情绪调节法”了。

所谓自我调节，其实就是指宝贝能够表述自己的感受，想办法控制自己的情感，并从他人那里获得对于他恰当行为的口头认可。要做到这一点，对我们成人来说根本就是一件无需思考的事。但对宝贝而言，这个自我调节却是在妈妈的不断引导下才能逐渐做到的事情。

比如，一个22个月大的宝贝在听到一个关于怪兽的故事时啜泣着说“妈妈，我害怕”，母亲应该马上放下自己正在做的事，抱抱宝贝，安慰他一下。在这一过程中，宝贝由于自己无法有效地调节那些恐惧感，才转而去找妈妈帮忙，因此妈妈如果能及时地安慰宝贝一下，就能够帮助宝贝将那些消极的情绪一一化解。更重要的是，妈妈的这一举动其实恰恰决定了宝贝的自我调节方式。如果等到宝贝变得极端恼火时才介入，就会使他产生快速而强烈的沮丧感，这样当我们再介入时就很难平息宝贝的伤痛。以后当他遇到挫折时，就只知道发怒或伤心，而不懂得如何调节这一不良情绪。这就像一支火把，当它熊熊燃烧时，你是很难将其熄灭的。

哪些方法可以帮助宝贝们调节那受困的情绪呢?

在宝贝们还不会言语的时候，妈妈们多会采取一些拥抱、爱抚和简单的言语等方式来给以安慰。后来，随着宝贝们日渐能说会道，“说给父母听”便成了宝贝最常用的情绪调节法。每到这个时候，宝贝们便将自己的消极情绪通过磕磕巴巴的话诉说给爸爸或妈妈听，而极具耐心的父母们，接下来要做的事情便是为宝贝分析具体情景，解释对他自己的危害，以及告诉他如何采取简单的应对措施等等。在这一过程中，宝贝在消极情绪得到缓解的同时，也学到了简单的情绪调节策略。

专家们发现，如果妈妈总能给予宝贝类似的积极指导，那么这样的孩子在挫折事件中会应用更多的分心策略以及妈妈曾经教过的策略。你也许会注意到孩子很积极地要去拿他的玩具来分散自己的注意力，这是2岁左右的宝贝用来调节不佳情绪的一个普遍而又有效的对策。当他长到3岁大的时候，会使用的调节情绪法就更多了。比如：蒙上双眼捂上耳朵，不看或不听他不想看见或听见的事；用语言消除自己的疑虑（比如，“爸爸回来后，我们一起看故事书。”“我现在是个大孩子了。”）；用肢体动作安慰自己（如拉扯衣服或摆什么东西）；从家长或看护者那里寻求安慰；改变目标（如当他知道没有自己原来想要的那种饼干的时候，就改要另一种饼干）。

此外，还记得上文中我们曾说过宝贝那超强的模仿能力吧，这一能力同样会被他应用在情绪调节的学习当中。由于观察学习是宝贝们一个很重要的学习方式，因此，在与父母一起生活的分分秒秒中，他们会通过观察我们成人控制自己感情的过程，逐渐形成自己调节情绪的策略。研究发现，当我们父母很难控制自己的愤怒情绪和敌意时，他们的宝贝也往往具有同样的问题。

|指导小手册|

1. 心思要敏锐

小宝贝的心思极为敏感，因此我们只好比他更敏感更细腻，能够通过蛛丝马迹看出宝贝的情绪有了变化，并能及时满足他的心理需求，使宝贝那一度低落的消极情绪得以排解。

比如一个6个月以上的小婴儿会通过一系列的身体语言，告诉我们他现在的情绪状况：来回拍打胳膊——表示失望或生气；伸出双手，手掌向上，头部稍稍偏斜——表示想缓和气氛，想说“对不起”或“让我们成为朋友吧”；胳膊僵直地放在两边——常常表示紧张或害怕；双手在身前紧握——对于9个月以上的宝贝而言，这个动作可能表示服从，当有大孩子在周围时，可能还表示别的含义；咀嚼或吸吮手指——小婴儿这样做是为了好玩，但12个月以上的孩子这样做就可能表示不安；延长目光接触的时间——表示欢迎，孩子在邀请你一起做游戏；凝视着你，然后眼睛再不看你——孩子把头转向一边不再看你时，可能表示他想单独待几分钟，但是如果他低头凝视下方，则有可能表示服从或失败；敲打头部或用头碰撞——表示失望或焦虑；歪着头——表示友好，而且通常伴有热情的微笑和直视的目光；等等。

而对于那些已经可以用语言来表达自己的情感的宝贝来说，我们就要细心品味他的“话中话”了。

比如，近几天君翰不停地问妈妈同一个问题，“妈妈，我很乖是不是？”虽然妈妈每次都极为肯定地告诉他：“是的，你是个乖孩子！”可是君翰仍旧忍不住要多次向妈妈求证。后来妈妈才知道，原来君翰的好朋友的爸爸妈妈离婚了，而小君翰认为这一定与他们表现得乖不乖大有关系。

2. 增加与宝贝身体接触的机会

身体的亲密接触是一种无声的安慰，即使是一个简单的拥抱都能够帮助孩子及时排解消极情绪，恢复正常情绪状态。

3. 多与宝贝“私聊”

多和宝贝交流与情绪有关的问题，启发、诱导他将自己的情绪表达出来。比如，当宝贝大哭时，可以轻抚他的背，温柔地说：“我知道，你现在一定很伤心，想和我说说吗？”

这样，宝贝的消极情绪可以在交谈过程中通过向父母倾诉进行排解；而父母与孩子谈论情绪问题，可以帮助他丰富、理解情绪知识。

其次，在我们和宝贝交流的过程中可以把一些简单的情绪调节法传授给他（比如，害怕时可以捂住耳朵、自言自语等）。

4. 做个好榜样

首先，要让宝贝感受到来自父母的关心，表达的方式包括多对宝贝微笑，给宝贝以信任支持的眼神等，尽量避免在宝贝面前板着面孔、面无表情。

科学家们在比较了母亲面无表情和母亲离开两种情境中婴儿的反应后，发现4岁的幼儿在母亲面无表情时比分离时产生更多沮丧情绪，表明养护者心理支持的消除比她身体的离开更易令幼儿心生烦恼。

其次，给宝贝树立一个良好的榜样，因为父母的情绪调节方式会潜移默化地影响儿童情绪调节策略的形成和应用。

|指导小手册|

适合1～2个月婴儿的游戏活动

游戏名称	游戏内容	游戏作用
摸摸小脸	为宝贝做面部按摩。手指在他的双眼周围缓缓移动，然后移向耳后和颌下，再慢慢移向鼻子和双唇，用指尖在他的双唇上下轻轻按摩，引导他作出微笑的表情。	刺激脸部触觉神经，感知身体。

游戏名称	游戏内容	游戏作用
挠痒痒	轻挠宝贝的小肚皮，就会引起他的挥手蹬脚，甚至发出“咯咯”的笑声。经常有意重复这种动作，使他形成条件反射而学会大声笑。	促使幼儿发笑，从小培养良好的性格。
小脚也会打拍子	在播放你喜欢的乐曲时，让孩子仰面躺下，轻轻握住他的两只手腕，随节奏摆动。然后再抓住他的脚踝舞一舞。	这是个很好的亲密接触活动，还能增强宝贝对音乐的敏感性。

适合3～5个月婴儿的游戏活动

游戏名称	游戏内容	游戏作用
交朋友	尽早让宝贝接触与他年龄相近的小朋友。	可促进其发展良好的同伴关系，对他今后的社交能力有帮助。
轻轻的搂抱	当你读书给宝贝听时，请把他抱在臂弯中。这种拥抱会在你和孩子间、孩子和读书声间创造出一种特别的情感联系。	利于建立安全感。
吹气	当宝宝需要安慰时，请试着向他的脚吹气，一些父母已经发现这能让孩子放松下来。	可以放松身心。

适合6～8个月婴儿的游戏活动

游戏名称	游戏内容	游戏作用
认识名字	拿出全家照，边指着照片上的宝宝边说他的名字。一段时日后，当你说出他名字时，他能否找到自己的照片呢？	知道自己的名字是宝宝认识和了解自我的重要途径。

游戏名称	游戏内容	游戏作用
宝宝的相册	把妈妈与宝贝的相册拿给宝贝把玩。你制作的宝宝相册应小到能让宝宝抓住和抚弄，孩子进入“陌生人焦虑症”阶段时，这是个有益的玩具。	满足孩子对人的面孔的喜爱，而且当你不在时，对孩子来说，相册是个临时的替代物。
父子游戏	爸爸要经常陪宝贝做做游戏，比如龟兔赛跑游戏，爸爸扮演乌龟，宝贝扮兔子，比比看谁最先爬到终点。	利于形成对爸爸的安全依恋。还可提升爬行能力，锻炼坚强意志。

适合9～11个月婴儿的游戏活动

游戏名称	游戏内容	游戏作用
放低照片	将你的照片贴在地板上，或者放在墙壁较低的位置。你的照片会吸引他爬过去。	可以促使孩子积极爬行。
找朋友	要多创造机会让宝贝和某个固定同伴一起玩耍，练爬，吃饭等。因为8～9个月的宝宝已经开始对同龄人产生兴趣，很愿意与之交往。	有利于培养其开朗乐观的性格。
帮大人做事	把勺子、纸等宝贝容易拿起的物品放在桌下，逗引他爬着去取，并送给近在身旁的爸爸。	使他逐渐对物品名称和人的称呼做出快速反应。
苹果大家吃	宝贝吃苹果时，可以对他说：你的苹果能让我咬一口吗？逐渐将“分享”范围扩展至其他人。（注意一定要真的咬一口，否则宝贝会认为礼让只是个虚假的形式。）	学会分享。

适合12～14个月幼儿的游戏活动

游戏名称	游戏内容	游戏作用
我自己能喝	因为宝贝的独立性已开始起步，所以要尽量满足他想自己做事的要求。比如他想自己拿杯子喝水，就应鼓励这一行为，即使洒出来也没关系。	体验独立喝水的乐趣，同时增强腕部力量。
我的衬衫	把宝贝小时候的婴儿衣服穿在他的各种玩偶上。让他的这些小朋友更可爱。	促进社交能力，激发想象性游戏。
小熊和障碍物	在宝贝和你之间放一个障碍物，如一块沙发垫等。一边唱“小熊爬过山”，一边鼓励他爬过来。	促进发展语言能力、音乐意识和解决问题的能力。
风、雨和雪	遇到坏天气，带着宝贝走到室外去感受一下！让风吹拂他的头发；让他用舌头感受一下，让雪花飞落到他的手指上，这时要教孩子相关的词语，并告诉他周围发生了什么。	扩大词汇量，提供一种独特的触觉经验。

适合15～17个月幼儿的游戏活动

游戏名称	游戏内容	游戏作用
洗澡的娃娃	和宝贝一起给他的布娃娃洗澡，洗完之后怎么办呢？可以启发他拿毛巾为娃娃擦干。	培养独立思考的能力。
食物也艺术	用食物做些可爱的玩偶形状，比如小兔、小猫等。用葡萄干或坚果做眼睛和鼻子等。	让午餐变得快乐有趣，激发想象力。
照镜子	抱着宝贝一起照镜子，边照边告诉他：“妈妈的眼睛在这里，宝宝的眼睛在哪儿？”引导他指出。拿本书，适当讲解：眼睛能看书。	帮助宝贝认识身体，促进自我意识的建立。
我的地盘	在家里辟出一角，放上宝贝喜欢的玩具、书等，使其成为宝贝的“安乐窝”。拥有自己的领地会让他心中充满骄傲。	获得安全感，促进情绪调节。

游戏名称	游戏内容	游戏作用
看着我	拍些宝贝爬、伸手够物、走路或跳舞时的照片，和宝贝一边看照片，一边告诉他这是他自己的照片。你们可以谈论他在每幅照片中的行为，并用尽可能多的动词来描述，如果是一张他在跳的照片，你可以说他必须蹲下，然后双脚跳起，尽可能跳得更高。注意你在描述时，应指着相应的身体部分。	增强记忆和解决问题的能力。

适合18～20个月幼儿的游戏活动

游戏名称	游戏内容	游戏作用
笑脸、苦脸	在卡片上画一张苦脸，在另一张上画张笑脸，然后用这两个不同的表情进行表演。让宝贝也模仿着做一做，并问他哪一张符合他今天的心情。	教孩子一种交流的方法，并使他懂得自己的情感。
认识情绪	拍下宝贝喜怒哀乐的各类表情照片。问他哪一张是高兴的脸，熟悉后，还可以让他选择照片表示现在的心情。	通过表情识别情绪，能发展孩子的自我意识。
我能做到	把糖果放在小口塑料瓶内，让宝贝想办法拿出来，一定要鼓励他多次尝试，最终把糖倒出来。	培养儿童的独立性和探索精神。
做个好榜样	公共场合中，我们要主动和人打招呼，向对方介绍自己，让孩子看到我们很愿意认识陌生人再和他说说结识新朋友后的快乐。	开朗且愿与人交往的父母，能为孩子树立健康榜样。
关注他人	散步时，让宝贝观察某位小朋友，之后按身高、长相、衣着等顺序考考他，使其明白别人和自己是不同的。	明白自己与他人的不同，树立别人也很独特的认知思维。

游戏名称	游戏内容	游戏作用
逛街	带宝贝去逛街时，试着慢慢走过街市，仔细看看那些橱窗里陈列的器具和有趣的物品。让他指出自己感兴趣的物品，并谈论每件物品的形状和功能。	利于孩子认识不同的环境和文化。

适合21～24个月的幼儿游戏活动

游戏名称	游戏内容	游戏作用
每天散步	养成每天同一时间、同一路线散步的习惯，指出沿路的路标和变化的事物，如树木、院子和房屋的颜色等。当宝贝完全熟悉后再换条路线。	一种轻松的社交活动，能训练记忆和肌肉协调能力。
表情脸谱	和宝宝一起收集他人不同表情的图片，教宝贝认知后用问题启发他的想象，比如："这个小朋友怎么了？"引导他回答。	认识表情是培养儿童良好情绪的前提。
爸爸，我想看动画片	当宝贝想看动画片时，带着他跟正看新闻的爸爸商量并最终得到解决（注意协商的过程可以稍复杂一些），让宝贝明白协商是很好的解决问题的办法。	学会解决问题的办法。
语言的舞台	表演一个自己最喜欢的故事，同时让孩子扮演其中的一个角色，你扮演其他的角色，尽量采用合适的服装和道具。	通过扮演可传授宝贝理解别人动机和目的的能力，激发想象力。
宝贝在说话	宝贝还不能将一件事完整地描述清楚，所以别匆忙用"我知道了"或直接把解决的方法告诉他，要给他一些时间，耐心地听他说下去。听完之后再询问："我想你是要说……对吗？"这能让孩子有时间思考他自己要说的内容。	这是尊重孩子的表现，同时也利于培养他积极发表自我看法的自信心。

游戏名称	游戏内容	游戏作用
提供选择	当宝贝开始喜欢用“不”来回答问题时，可以给他一些选择范围。比如：对拒绝吃饭的孩子可说，“你喜欢把饭放在这只红碗中，还是放在其他碗里呢？”宝贝一旦做出选择，就应让他懂得必须承担由决定带来的结果。你可以这样对他说：“我很抱歉，但这是你自己选择要蛋糕的。不然你要么吃蛋糕，要么什么都没有。”	给孩子选择的机会，既尊重了他的独立性又可避免直接冲突。

适合25～30个月幼儿的游戏活动

游戏名称	游戏内容	游戏作用
自己的声音	2岁幼儿对自己的身体、声音已有模糊认识。将父母与宝贝的对话录下来，让他分辨出自己的声音。	以此认知他的独特性。辨音能力也会加强。
摆脱羞涩	如何让宝贝加入一个群体中呢？可以先教他和一两个孩子玩，然后再加入群体游戏。切忌强行带他到人多处，那样的话，他会更紧张。当他和小朋友玩得很好时，可以表扬宝贝说：“你和XX一起玩，真好！你开心吗？”或表扬别人，给他树立榜样。	羞涩是宝贝努力调节环境对自己影响的一种方式。常给予鼓励，利于发展宝贝积极愉快的情绪情感。
学会合作	吃饭时，让宝贝数数有几个人，需要多少碗筷，再指导他学摆餐具。当宝贝做好这一切后，一定要记得表扬哦。	不懂合作的孩子易自卑，应随时唤起他的合作意识。
属于谁	幼儿还分不清物属关系，常会私拿别人东西。应多对他说：“这是妈妈的，这是你的，这是爸爸的……”在吃东西的时候有意让他来分配。	理解物属关系。

游戏名称	游戏内容	游戏作用
感知身高	为宝贝定期测量身体时，可以做一些有趣的事。比如先在门后画几条彩色标尺，告诉孩子："好好吃饭，你的个子就会追上这些小线虫。"	让宝贝清楚地看到自己的成长变化。
我自己	2岁的宝贝已经开始越来越对自己的身体感兴趣了，因此家里可以装一面大镜子，让他活动时能够看到自己的身影，你会发现他很喜欢在镜子前表现自己。	加深自我印象。
面条服装	仅用一根布条，你就可以打扮你的孩子，将之绕在头上，他就是一位冒险者；将之绕在一根棍上，他就是一位旅行者；将之做成一根领带，他就是一位商人；将之绕在脖子上，他就是一位火车司机。再让他想想还能扮成什么。注意游戏时看管好你的孩子，游戏结束后放好布条。	激发想象力，认识自我。

适合31～36个月幼儿的游戏活动

游戏名称	游戏内容	游戏作用
宝贝的密室	跟宝贝一起把大纸箱剪出一个窗户，然后粘个窗帘，刷上漂亮的颜色，为宝贝布置一间小城堡。	这能让宝贝获得一种安全感。
你做得很好	家人间要时常互相赞扬，比如夸奖妈妈："谢谢你把我们的衣服洗得这么干净"；表扬宝贝："宝贝长大了，都能给爸爸端杯子了"等等。	营造充满赞扬和鼓励的生活环境，利于孩子形成健康的自我评价。但切记，赞扬要具体、有针对性，不能太空泛。
你也很棒	和宝贝说说各自擅长做的事。例如先对他说说你的，"我擅长把你逗笑。你擅长什么啊？"可以先给他一些提示，最终他会想出自己擅长的事。	帮孩子树立积极的自我意识。

游戏名称	游戏内容	游戏作用
宝贝的事自己定	布置宝贝的房间或角落时，最好能让他自己来决定贴什么，床摆在哪儿。若说得不合理，要用尊重的口吻同他协商。	独立就是让孩子自己决定自己的事。
不会询问的妈妈	宝贝回家后，不要总是询问他一些带有负面看法的问题。比如："你做坏事没？被欺负了吗？"	这会让他觉得事事都须向家长汇报，那些负面提问会让他感到自己是个坏孩子或软弱的孩子。
都别动	和宝贝一起保持一个姿势假扮塑像，如数到10双方都能保持不动，要奖励宝贝一朵小花作为鼓励。	可提高宝贝的自我控制力。
留一份给爸爸	好东西不能让孩子独享，要经常有意识地提醒宝贝："这份要留给爸爸。"等爸爸回来后，让宝贝亲自递给他，还要记得及时赞赏宝贝的这一行为。	让宝贝学会关心人。
穿衣有顺序	将宝贝每天要穿的衣服按照穿的先后顺序放在孩子面前——长裤，衬衣，袜子和鞋子，并问问他这个顺序是否正确。第二天，打乱衣服顺序，让他排好。每天你要变换衣服的顺序，直到他都能正确地排序。	锻炼宝贝的排序技能，增强自信心。
我们一起做	饭后，可以与宝贝一起参加餐后的清洁工作中，比如妈妈洗碗，爸爸擦餐桌，而宝贝则将椅子归位。	培养宝贝的合作能力，可以使他摆脱"自我中心"的意识。
爱干净的厨师	如果宝贝喜欢将东西弄乱，而你又没有足够的时间来打扫，试着装作和他一起搞卫生吧。如果他想做小圆饼，在纸上画几片"肉"，用一个长方形的塑料盖做一个"烤箱"。	锻炼宝贝的手和眼的协调能力，给孩子提供一个表演、模拟的机会。

游戏名称	游戏内容	游戏作用
今天你做了什么？	每天晚餐时，问问宝贝今天做了什么，并鼓励宝贝回忆他今天吃了什么、看到了什么、遇见了谁……然后可以让大人们轮流说说他们今天各自做了什么。	让晚餐成为社交的机会，锻炼宝贝的记忆和语言能力。
心跳听诊器	带宝贝去看儿科医生时，让医生给你们看一下听诊器，并让孩子戴上听诊器，听听你和他的心跳，告诉孩子听诊器的用途。	增强宝贝的自我意识和身体意识。
吃个小亏	让宝贝吃点亏其实也是一种学习机会。比如：他如果向我们诉说某个小朋友对他不友善时，可以和他一起讨论一下解决的方法，可以提示他："他为什么会欺负你呢?除了打架你还有别的办法解决吗？"	让宝贝学会深入思考，提高应变能力。
护手套玩伴	跟宝贝一起用磁带和卡纸装饰护手套，使它像你和宝贝喜欢的动物或人，然后再尝试表演"木偶戏"。	激发宝贝的想象力。

References List 参考书目

1. [美] 丽丝·艾略特. 小脑袋里的秘密. 汕头：汕头大学出版社，2003.

2. [美] 杰姆·戈德法布. 天才之路. 陈姝，译. 西安：西北工业大学出版社，2002.

3. [美] 诺伯特·赫谢考威茨，埃莉诺·查普曼·赫谢考威茨. 美好生活的开始. 上海：科学普及出版社，2008.

4. 鲍秀兰等. 塑造最佳的人生开端. 北京：中国商业出版社，2001.

5. [加] 诺尔曼·道伊奇. 大脑可以改变. 长春：吉林出版集团有限责任公司，2009.

6. [日] 筱原一之. 婴儿信息——宝宝啊，你想“说”什么. 北京：国际文化出版公司，2007.

7. 方碧辉，胡允恒. 儿童语言能力的培养. 济南：明天出版社，1988.

8. 施炳培编著. 小儿脑瘫的防治. 上海：上海医科大学出版社，2001.

9. [美] 古德伊洛弗. 发展心理学. 贵阳：贵州人民出版社，1980.

10. [美] 罗伯特·费尔德曼. 发展心理学. 北京：世界图书出版公司，2007.